职业素质养成教育系列教材

金融类学生职业素质养成读本

张勋阁　主编

宁波城市职业技术学院专项出版经费资助

科 学 出 版 社

北 京

内 容 简 介

  本书分为五章，主要介绍了目前存在的不同形式的金融机构，金融行业从业人员职业道德基本要求，目前我国金融行业现存的相关法律法规，金融企业独特的企业文化，以及从事金融服务岗位工作应具备的基本礼仪。

  本书既可作为高职院校金融类相关专业的教材，也可作为初涉金融类职业岗位的社会工作者的参考用书。

图书在版编目（CIP）数据

金融类学生职业素质养成读本/张勋阁主编. —北京：科学出版社，2018
ISBN 978-7-03-053819-2

Ⅰ. ①金… Ⅱ. ①张… Ⅲ. ①金融业－职业道德 Ⅳ. ①F83

中国版本图书馆 CIP 数据核字（2017）第 139248 号

责任编辑：孙露露 魏文芳 / 责任校对：刘玉靖
责任印制：吕春珉 / 封面设计：东方人华

科 学 出 版 社 出版
北京东黄城根北街 16 号
邮政编码：100717
http://www.sciencep.com
新科印刷有限公司 印刷
科学出版社发行 各地新华书店经销

*

2018 年 3 月第 一 版 开本：B5（720×1000）
2018 年 3 月第一次印刷 印张：12
字数：226 000
定价：36.00 元

（如有印装质量问题，我社负责调换〈新科〉）
销售部电话 010-62136230 编辑部电话 010-62135763-2010

前　言

金融行业是现代社会在经济全球化背景下产生的标志性行业。随着社会经济的发展，金融日益广泛地渗透到社会经济生活的各个方面。金融行业的蓬勃发展也对金融岗位人才提出了更高的要求。应届大学生在从事金融行业相关工作前，应对当下金融行业的人才素质要求有初步地了解和认识。

本书作为金融类专业学生的职业素质养成读本，要求学生通过阅读、自学相关知识来掌握金融行业的基本素质内容和要求，并辅以案例分析，使学生加深对金融行业相关职业素养的理解和掌握。

本书分为五章。第一章对目前存在的不同形式的金融机构进行介绍；第二章介绍金融行业从业人员职业道德基本要求；第三章介绍目前我国金融行业现存的相关法律法规；第四章和第五章分别介绍金融企业独特的企业文化和从事金融服务岗位工作应具备的基本礼仪。本书浅显易懂，便于初学者学习，对于培养高职院校金融类专业学生的职业素质将起到重要作用。

本书由张勋阁担任主编，参编人员有刘大赵、梁桂云、游丽彦、靳瑞、袁胜友、张千里和阮海燕。具体编写分工如下：刘大赵和梁桂云编写第一章，游丽彦编写第二章，靳瑞和袁胜友编写第三章，张千里编写第四章，阮海燕编写第五章，张勋阁参与了第三章、第四章和第五章部分内容的编写工作，并对全书的内容进行编排和统稿。

编者在编写本书的过程中参阅了国内外大量相关文献，并得到了宁波城市职业技术学院的领导和科学出版社的鼎力相助，在这里一并表示衷心的感谢！特别感谢黎贤强博士对本书提出的宝贵意见。

由于编者水平有限，书中难免有疏漏和不妥之处，敬请广大读者批评指正。

目　录

第一章　金融机构 …………………………………………………………… 1

　第一节　银行类金融机构 ………………………………………………… 1

　　一、银行类金融机构的概念和种类 ………………………………… 1

　　二、中央银行 ………………………………………………………… 3

　　三、商业银行 ………………………………………………………… 8

　　四、政策性银行 …………………………………………………… 15

　　五、信用合作机构 ………………………………………………… 18

　　六、银行监管机构 ………………………………………………… 19

　第二节　证券机构 …………………………………………………… 20

　　一、证券公司 ……………………………………………………… 20

　　二、证券交易所 …………………………………………………… 30

　　三、证券登记结算机构 …………………………………………… 33

　　四、证券服务机构 ………………………………………………… 33

　　五、证券业协会 …………………………………………………… 34

　　六、证券监管机构 ………………………………………………… 34

　第三节　保险机构 …………………………………………………… 35

　　一、保险公司 ……………………………………………………… 35

　　二、保险中介机构 ………………………………………………… 38

　　三、保险行业协会 ………………………………………………… 40

　　四、保险监管机构 ………………………………………………… 40

　第四节　信托机构 …………………………………………………… 41

　　一、我国信托公司的发展历程 …………………………………… 41

　　二、信托中介机构的种类 ………………………………………… 42

　　三、信托机构的主要业务 ………………………………………… 43

　　四、中国信托业协会 ……………………………………………… 43

　第五节　基金机构 …………………………………………………… 43

　　一、基金公司的分类 ……………………………………………… 43

　　二、基金公司的经营范围 ………………………………………… 44

　　三、基金监管机构 ………………………………………………… 44

第六节　其他金融机构 ·· 46
　　一、期货公司 ··· 46
　　二、财务公司 ··· 48
　　三、金融租赁公司 ··· 50
　　四、小额贷款公司 ··· 51
　　五、典当行 ··· 52
　小结 ·· 54
第二章　金融行业职业道德 ·· 55
　第一节　银行业职业道德 ·· 55
　　一、银行业职业道德概述 ·· 55
　　二、银行从业人员道德规范 ·· 56
　第二节　保险业职业道德 ·· 57
　　一、保险业职业道德概述 ·· 57
　　二、保险从业人员道德规范 ·· 57
　第三节　证券业职业道德 ·· 60
　　一、证券业职业道德概述 ·· 60
　　二、证券从业人员行为规范 ·· 60
　　三、证券从业人员道德规范 ·· 60
　小结 ·· 62
第三章　金融法规 ··· 63
　第一节　金融法概述 ··· 63
　　一、金融法的产生与发展 ·· 63
　　二、金融法的概念及调整对象 ··· 64
　　三、金融法的特点与功能 ·· 67
　第二节　我国金融法 ··· 68
　　一、我国金融法的体系 ··· 68
　　二、我国金融法的地位 ··· 68
　第三节　中国人民银行法 ·· 69
　　一、中国人民银行法概述 ·· 69
　　二、中国人民银行的组织机构 ··· 70
　　三、人民币的法律地位、发行和管理 ······································· 72
　　四、中国人民银行的货币政策 ··· 76
　　五、中国人民银行的其他业务 ··· 81
　　六、金融监督管理 ··· 81
　　七、《中国人民银行法》其他内容 ·· 83

第四节　商业银行法 …………………………………………………………… 84

一、商业银行法概述 …………………………………………………… 84

二、商业银行的组织机构 ……………………………………………… 85

三、商业银行与银行客户之间的法律关系 …………………………… 85

四、商业银行存款法律制度 …………………………………………… 86

五、商业银行贷款法律制度 …………………………………………… 87

六、商业银行的其他业务规则 ………………………………………… 88

第五节　票据法 ………………………………………………………………… 89

一、票据的概念和特征及票据法的概念 ……………………………… 89

二、票据关系 …………………………………………………………… 90

三、票据行为 …………………………………………………………… 91

四、票据权利 …………………………………………………………… 92

五、票据抗辩 …………………………………………………………… 94

六、票据的伪造和变造 ………………………………………………… 95

七、票据的种类 ………………………………………………………… 96

第六节　保险法 …………………………………………………………………102

一、保险的概念 …………………………………………………………102

二、保险的种类 …………………………………………………………102

三、保险法的概念 ………………………………………………………103

四、我国保险法的基本原则 ……………………………………………103

五、保险合同 ……………………………………………………………104

六、通知与索赔及理赔 …………………………………………………108

七、保险欺诈及其法律后果 ……………………………………………109

八、保险公司 ……………………………………………………………110

第七节　证券法和证券投资基金法 ……………………………………………111

一、证券法 ………………………………………………………………111

二、证券投资基金法 ……………………………………………………114

第八节　担保法 …………………………………………………………………115

一、担保的概念 …………………………………………………………115

二、担保的方式 …………………………………………………………116

三、金钱担保的形式 ……………………………………………………117

四、担保法的含义 ………………………………………………………118

五、担保法的作用 ………………………………………………………119

六、担保法的原则 ………………………………………………………120

七、抵押权 ………………………………………………………………121

八、质权 ·· 123

九、留置权 ·· 125

十、优先权 ·· 125

第九节 反洗钱法 ·· 126

一、洗钱的基本概念 ·· 126

二、洗钱的基本方式 ·· 127

三、反洗钱的定义及反洗钱体系 ··································· 128

四、金融机构反洗钱的必要性 ······································ 130

五、金融机构反洗钱义务 ··· 131

小结 ··· 133

第四章 金融企业文化 ··· 134

第一节 金融企业文化概述 ·· 134

一、金融企业服务文化 ··· 134

二、金融企业竞争文化 ··· 136

三、金融企业形象文化 ··· 137

四、金融企业民主文化 ··· 138

五、金融企业职业道德文化 ·· 140

六、金融企业制度文化 ··· 141

七、金融企业法制文化 ··· 142

八、金融企业群体文化 ··· 143

九、金融企业需求文化 ··· 144

十、金融企业物质文化 ··· 145

十一、金融企业职工素质文化 ······································ 145

第二节 金融企业文化的案例解读 ·································· 147

一、中国银行的企业文化 ··· 147

二、招商证券的企业文化 ··· 152

三、中国平安保险公司的企业文化 ································· 154

小结 ··· 155

第五章 金融服务礼仪 ··· 156

第一节 金融服务礼仪概述 ·· 156

一、金融服务礼仪的重要性 ·· 156

二、金融服务礼仪的基本准则和主要内容 ······················· 157

三、金融服务礼仪的基本要求 ······································ 158

四、培养礼仪修养的途径 ··· 159

第二节 金融服务礼仪与职业形象 ·································· 159

一、仪表礼仪 ·· 159

二、岗位服务礼仪 ··· 163

第三节 金融服务的岗位与工作任务 ························· 166

一、网点负责人的岗位职责与工作任务 ···················· 166

二、大堂咨询人员的岗位职责与工作任务 ·················· 167

三、临柜工作人员的岗位职责与工作任务 ·················· 168

第四节 突发事件处理 ······································· 169

一、突发事件概述 ··· 169

二、突发事件的处置原则 ······································ 170

三、金融机构突发事件的种类及处理方法 ·················· 171

小结 ·· 178

参考文献 ·· 179

第一章

金 融 机 构

金融是资金融通活动的总称，包括货币流通、信用活动以及与之相关的各种经济活动。金融机构是指经营货币与信用业务、从事各种金融活动的组织机构，包括直接融资领域中的金融机构、间接融资领域中的金融机构以及各种提供金融服务的机构。金融机构通常分为银行类金融机构与非银行金融机构两大类。其中，非银行金融机构包括证券机构、保险机构、信托机构、基金机构和其他金融机构。

第一节　银行类金融机构

一、银行类金融机构的概念和种类

（一）银行类金融机构的概念

银行类金融机构又称为存款机构或存款货币银行，是指以吸收存款为主要资金来源、以发放贷款为主要资金运用、以办理转账结算为主要中间业务、直接参与存款货币创造过程的金融机构。

（二）银行类金融机构的种类

银行类金融机构可以从不同的角度进行分类。按照银行在经济领域中的功能划分，银行类金融机构可以分为中央银行、商业银行、政策性银行、信用合作机构、银行监管机构等；按照投资者的国家和地区划分，银行类金融机构可以分为境内银行和境外银行。本节按照第一种分类进行介绍。

1. 中央银行

中央银行是专门制定和实施货币政策、统一管理金融活动并代表政府协调对外金融关系的金融管理机构。中央银行是在商业银行的基础上经过长期发展逐步形成的。中央银行起源于 19 世纪的英国，成立于 1694 年的英格兰银行被公认为世界第一家中央银行。从各国中央银行产生和发展的历史来看，中央银行主要通过两条途径形成：一是商业银行通过缓慢演化，逐步取得货币发行、货币清算中心、最后贷款人、全国金融管理等权利和职责，从而发展、演变为中央银行，英格兰银行就是这种类型的典型代表；二是由政府特设组建，20 世纪以后成立的中央银行大多都是由政府特设组建的。

中央银行在一国银行体系乃至金融体系中处于领导地位，是一国最重要的金融管理当局，其特点可概括为"发行的银行"、"政府的银行"和"银行的银行"。目前世界各国，除极少数特殊情况外，均设立了中央银行。我国的中央银行是中国人民银行。

2. 商业银行

商业银行是指以获取利润为经营目标，从事各种存款、贷款和中间业务的银行。商业银行是企业，实行独立核算、自主经营，并以利润最大化作为其经营目标。商业银行是特殊企业，它所经营的商品是特殊商品，是作为一般等价物的货币，而且商业银行经营货币这种商品与其他企业经营其他商品不同，其他企业采取买卖的方式经营，而商业银行采取借贷方式即信用方式经营。目前，商业银行已不仅仅是经营货币的特殊企业，而且成为在金融和非金融领域提供各种优质服务的综合性多职能的金融企业。与其他金融机构相比，商业银行的特点是可开支票的活期存款在所吸收的各种存款中占有相当高的比重，商业银行吸收存款、发放贷款业务可以派生出活期存款，增加货币供应量。因此，商业银行通常称为"存款货币银行"，各国都非常重视对商业银行的调控和管理。

3. 政策性银行

政策性银行是指由政府投资设立，按照国家宏观政策要求，在限定的业务领域内从事信贷融资业务的政策性金融机构，其业务经营目标是支持政府发展经济，配合宏观经济调控，促进社会全面进步。政策性银行从事指定范围内的金融业务，具有特定的客户群和业务范围。政策性银行虽然也吸收存款、发放贷款，但并不是纯粹以追求盈利为目的，而是与一个国家在某一方面所要达到的政策意图密切相关。目前，我国有国家开发银行、中国农业发展银行和中国进出口银行三家政策性银行。

4. 信用合作机构

信用合作机构是由个人集资联合组成的、以互助为主要宗旨的合作金融组织。信用合作机构也是以吸收存款为主要负债、以发放贷款为主要资产，同时办理结算等中间业务的金融机构，因此，许多国家都将信用合作机构列入银行类金融机构。信用合作机构主要有信用合作社和合作银行两种类型，其中，信用合作社又分为农村信用合作社和城市信用合作社。信用合作社最早创建于 1848 年的德国，其建立与自然经济、小商品经济的发展直接相关。

5. 银行监管机构

银行业监管有狭义和广义两种理解。从狭义上讲，银行业监管是指国家金融监管机构对银行业金融机构的组织及其业务活动进行监督和管理的总称。广义的银行业监管，则不仅包括国家金融监管机构对银行业金融机构的外部监管或他律监管，也包括银行业金融机构的内部监管或自律监管。世界各国的银行业监管体制可分为两种类型，一是设立专门的银行业监管机构，完全分离中央银行的监管职能；二是中央银行与其他金融管理机关共同行使金融监管权。

目前，我国的银行监管机构是中国银行业监督管理委员会（以下简称中国银监会）及各地银行业监督管理局（以下简称各地银监局）。中国银监会成立于 2003 年 4 月 25 日，是国务院直属正部级事业单位。根据国务院授权，中国银监会统一监督管理银行、金融资产管理公司、信托投资公司及其他存款类金融机构，维护银行业的合法、稳健运行。

二、中央银行

（一）中央银行的类型

由于各国社会制度、政治体制、经济发展水平、金融发展水平、历史传统、文化和生活习惯不同，世界各国的中央银行制度也存在较大差别，从而使中央银行在组织形式上分为不同的类型。按照中央银行制度的不同，中央银行可以分为单一中央银行制、复合中央银行制、跨国中央银行制和准中央银行制四种类型。

1. 单一中央银行制

单一中央银行制是指国家单独建立中央银行机构，使其独立、全面地行使中央银行职能，并监管全部金融企业的制度。单一中央银行制可以分为一元制、二元制和多元制三种具体形式。一元制中央银行体制是指在国内只设一家统一的中央银行，机构设置一般采取总分行制。世界上大多数国家如英国、法国和中国目前都实行这种制度。二元制中央银行体制是指在国内设立中央和地方两级相对独立的中央银行机构，地方中央银行机构具有较大独立性，德国就实行这种中央银行体制。多元制中央银行体制是指在一国建立多个中央银行机构执行中央银行职能和任务，美国是实行这种中央银行体制的典型代表。

2. 复合中央银行制

复合中央银行制是指国家不专门设立行使中央银行职能的银行，而是由一家大的商业银行既经营一般商业银行业务，又行使中央银行职能的银行管理体制。我国在 1983 年以前一直实行这种银行制度，现在已很少有国家采用这种制度。

3. 跨国中央银行制

跨国中央银行制是指由参加某一货币联盟的所有成员国联合组成中央银行的制度。跨国中央银行不是某个国家的中央银行，而是参加货币联盟的所有国家共同的中央银行，它发行共同的货币，并为成员国制定相对统一的金融政策。这种中央银行制度的典型代表有欧洲中央银行、西非货币联盟所设的中央银行、中非货币联盟所设的中非国家银行和东加勒比海货币管理局等。

4. 准中央银行制

准中央银行制是指在一些国家或地区并没有通常意义上的中央银行，只是由政府授权某个或某几个商业银行，或设置类似中央银行的机构，部分行使中央银行职能的体制。中国香港是实行这种中央银行制度的典型代表。中国香港设金融管理局，下设货币管理部、外汇管理部、银行监管部和银行政策部，前两个部负责港币和外汇基金的管理，后两个部负责对金融市场进行监管和调控。港币由汇丰银行、渣打银行和中国银行三家商业银行分别发行。属于这种准中央银行制的国家有新加坡、斐济、马尔代夫、利比里亚等。

（二）中央银行的职能

1. 中央银行是"发行的银行"

中央银行作为"发行的银行"，是指中央银行独占货币发行权，对调节货币供应量、稳定币值具有重要作用。从中央银行产生和发展的历史来看，独占货币发行权是中央银行最先具有的职能，也是中央银行区别于普通商业银行的根本标志。货币发行权一经国家法律形式授予，中央银行即对调节货币供应量、保证货币正常流通与稳定币值负有责任。

2. 中央银行是"银行的银行"

中央银行作为"银行的银行"，是指中央银行只与商业银行和其他金融机构发生业务往来，不与工商企业和个人发生直接的信用关系。中央银行集中保管商业银行的准备金，并对商业银行发放贷款，充当商业银行的最后贷款者。一方面，中央银行垄断了货币发行权，因而成为商业银行资金的最后来源；另一方面，中央银行还受国家委托，对商业银行和其他金融机构的业务活动进行监督和管理，以维护整个金融行业的安全。因此，中央银行在现代金融体系中居于核心地位，既有扶持商业银行和其他金融机构健康发展的义务，又有对其进行监督和管理的责任。中央银行的这一职能具体体现在三个方面：一是充当商业银行的最后贷款者；二是集中保管商业银行的存款准备金；三是充当全国票据的清算中心。

3. 中央银行是"国家的银行"

中央银行作为"国家的银行"，是指中央银行为国家提供各种金融服务，代表国家制定、执行货币政策和处理对外金融关系。中央银行作为"国家的银行"，其具体职能有以下几个方面。一是代理国库。中央银行收受国库存款，代理国库办理各种收付和清算业务，因而成为国家的"总出纳"。二是代理发行政府债券。政府为了筹措资金经常需要发行债券，但发行、推销及发行后的还本付息等事宜，一般由中央银行来办理。三是为政府筹集资金。在国家财政需要时，中央银行通常还采取直接向政府提供短期贷款和购买国债等方式，解决政府对资金的临时性需求。四是制定和执行货币政策。中央银行作为政府的银行，不以获取利润为目的，从国家利益出发，独立地制定和执行货币政策，调控社会信用总规模，监督和管理各金融机构及金融市场活动。五是代表政府参加国际金融组织和各种国际金融活动。中央银行代表一国政府进行政府间的金融实务往来，与外国中央银行进行交往，代表政府签订国际金融协定。

（三）中央银行的职责

在我国，根据《中华人民共和国中国人民银行法》（以下简称《中国人民银行法》）的有关规定，中国人民银行作为中央银行，应当履行下列职责：①发布与履行其职责有关的命令和规章；②依法制定和执行货币政策；③发行人民币，管理人民币流通；④监督管理银行间同业拆借市场和银行间债券市场；⑤实施外汇管理，监督管理银行间外汇市场；⑥监督管理黄金市场；⑦持有、管理、经营国家外汇储备、黄金储备；⑧经理国库；⑨维护支付、清算系统的正常运行；⑩指导、部署金融行业反洗钱工作，负责反洗钱的资金监测；⑪负责金融行业的统计、调查、分析和预测；⑫作为国家的中央银行，从事有关的国际金融活动；⑬国务院规定的其他职责。中国人民银行为执行货币政策，可以依照《中国人民银行法》的有关规定从事金融业务活动。

案 例

印有人民币图案的挂历

　　某市印刷厂在新年来临之际，赶印了一批以吉祥猴为主题的挂历，为图吉利，该厂在所有挂历的月历位置均以 100 元人民币的图案作为背景。该系列挂历推出后，果然比往年该厂印制的挂历的销量好。但是，就在这批挂历热销之时，该厂受到了当地中国人民银行会同该市公安局的查处。通过调查核实，依法对该厂作出了责令立即停止印刷和销售印有人民币图案的挂历，销毁已经印刷的印有人民币图案的挂历成品，没收违法所得并处以 3 万元罚款的处罚决定。

【案例分析】

　　该印刷厂在其所印刷的挂历上采用扩大了的人民币图案作为挂历背景，此行为违反了《中国人民银行法》第十九条关于"禁止在宣传品、出版物或者其他商品上非法使用人民币图案"的规定。

（四）中央银行的主要业务

1. 中央银行的负债业务

中央银行的负债即其资金来源，主要包括流通中的货币、各项存款和其他负债。

1）流通中的货币。中央银行一般享有垄断货币发行的特权。货币发行既是中央银行的基本职能，也形成了中央银行的主要资金来源。一般来说，中央银行通过再贴现、再贷款、购买有价证券以及收购黄金、外汇等途径将货币投入市场，从而形成流通中的货币。

2）各项存款。分为政府和公共机构存款、商业银行等金融机构存款两大类。中央银行作为国家的银行，通常由政府赋予其代理国库的职责，因而财政部门的收支一般由中央银行代理。此外，依靠国家财政拨付经费的公共机构，其存款也由中央银行办理。政府和公共机构存款在支出之前存在中央银行，形成了中央银行重要的资金来源。商业银行在中央银行的存款主要包括两大部分：一是商业银行向中央银行上缴的存款准备金；二是商业银行存入中央银行用于票据清算的活期存款。

3）其他负债。其他负债是指中央银行除以上负债项目以外的负债，如中央银行发行的债券、中央银行对国际金融机构的负债等。

2. 中央银行的资产业务

中央银行的资产及其资金运用，主要包括贴现及放款、证券、黄金外汇储备和其他资产。

1）贴现及放款。主要包括中央银行对商业银行的再贴现和再贷款、财政部门的借款和在国外金融机构的资产。其中，对商业银行的再贴现和再贷款是中央银行资产中所占比重最大的项目。再贴现是指商业银行将其对工商企业已经贴现的票据向中央银行再办理贴现的资金融通行为。再贷款是指中央银行向商业银行发放的贷款。中央银行对商业银行的再贴现和再贷款是中央银行向商业银行融通资金的重要方式。

2）证券。证券业务是指中央银行的证券买卖。中央银行公开市场业务的操作工具是优质证券，如国债、银行票据、回购协议等。中央银行持有证券并进行买卖的目的不是获取利润，而是通过买卖投放或回笼基础货币，对货币供求进行调节。公开市场操作已成为中央银行的主要货币政策工具。

3）黄金外汇储备。自不兑现信用货币制度建立以来，黄金和外汇始终是稳定币值的重要手段，也是用于国际支付的重要储备。中央银行担负着为国家管理外汇和黄金储备的责任，而黄金和外汇储备要占用中央银行资金，因而属于中央银行的重要资金运用。

4）其他资产。其他资产是指除以上三项外未被列入的所有其他项目，主要包括待收款项和固定资产等。

▶ **案 例**

中国人民银行地方分行是否可以向地方政府发放贷款

某市的财政状况一直不好，当地建设缺少大量资金，于是政府指令当地中国人民银行分行贷款给政府财政，并且要求其向当地商业银行透支，同时命令其向当地的一项基本建设项目的外国贷款提供担保。

【案例分析】

该分行有权拒绝当地政府的以上命令。因为中国人民银行的分支机构是中国人民银行的派出机构，在业务上与地方政府没有直接联系，也不受地方政府行政管理。并且，《中国人民银行法》禁止中国人民银行向地方政府贷款，禁止向金融机构的账户透支，禁止向任何单位和个人提供担保。

3. 中央银行的清算业务

清算是指由一定经济行为所引起的货币关系的计算和结清。中央银行的清算业务是指中央银行作为一国支付清算体系的管理者和参与者，通过一定的方式和途径，使金融机构的债权债务清偿及资金转移顺利完成并维护支付系统的平稳运行，从而保证经济生活和社会生活正常运行的活动。

中央银行是银行的银行,各商业银行等其他金融机构都在中央银行设有账户,因此,由中央银行负责清算它们之间的资金往来和债权债务关系具有客观的便利条件。大多数国家都有法律明文规定,中央银行负有组织支付清算的职责。例如,我国法律明确规定,作为中央银行,中国人民银行具有履行维护支付清算系统正常运行的职责,应当组织金融机构相互之间的清算系统,协调金融机构相互之间的清算事项。中国人民银行已成为各金融机构的支付中介,对金融体系提供支付清算服务。中国人民银行运行着三个跨行支付系统:2000多家同城票据交换所、全国手工联行系统和全国电子联行系统。中国人民银行运行的系统主要处理跨行支付交易和商业银行系统内大额支付业务。通过这些支付系统,中国人民银行组织银行间同城资金清算和异地资金清算。

三、商业银行

(一)商业银行的种类

1. 按照资本所有权不同划分

按照资本所有权不同,商业银行可以分为私人商业银行、国有商业银行和股份制商业银行。

私人商业银行是由若干出资人共同出资组建,其规模较小,在现代商业银行中所占比重较小。国有商业银行是由国家或地方政府出资组建,其规模一般较大。股份制商业银行又称为合股商业银行,是以股份公司形式组建的商业银行,是现代商业银行的主要形式。

2. 按照业务覆盖地域不同划分

按照业务覆盖地域不同,商业银行可以分为地方性商业银行、区域性商业银行、全国性商业银行和国际性商业银行。

地方性商业银行是指以所在地区的客户为服务对象的商业银行。区域性商业银行是指以所在区域为基本市场的商业银行。全国性商业银行是指以国内工商企业和个人为主要服务对象的商业银行。国际性商业银行是指世界金融中心的商业银行,它以国际机构客户为主要服务对象。

3. 按照许可经营业务种类不同划分

按照许可经营业务种类不同,商业银行可以分为全能银行和职能银行。

全能银行是指既能经营银行业务,又能经营证券、保险和投资等金融业务的商业银行。这种类型的商业银行主要分布在欧洲大陆的德国、瑞士、荷兰、卢森堡、奥地利等国,其中,德国式全能银行最为典型。职能银行是指只能经营银行业务，不能从事证券承销和投资业务的商业银行。这种类型的商业银行主要分布在美国、日本和其他大多数国家，其中，美国式职能银行是这类商业银行的代表，我国的商业银行也属于这种类型。此外，还有一类介于全能银行与职能银行之间的商业银行，这类商业银行可以通过设立独立法人公司来从事证券承销等业务，但不能投资工商企业股票，也很少从事保险业务。这类商业银行主要分布在英国、加拿大、澳大利亚等国家，并以英国为代表。

4. 按照组织形式不同划分

按照组织形式不同，商业银行可以分为总分行制银行、单一制银行、控股公司制银行、连锁制银行。

总分行制银行是指银行在本地设立总行，在本地或外地设立若干分支行的商业银行。按照管理方式不同，总分行制银行可进一步划分为总行制和管理处制两类。总行制是指总行除了负有管理和控制各分支行职责外，自身也经营具体的银行对外业务。管理处制是指总部负责管理下属分支机构的业务活动，自身不对外营业，而在总行所在地另设分支行对外营业。

单一制银行也叫单元制银行，是指不设立或不能设立分支机构的商业银行。这种银行主要集中在美国。单一制银行的优点是地方性强，经营自主灵活，便于鼓励竞争，也可避免大银行吞并小银行，限制银行垄断。单一制银行的缺点是由于银行只是单一银行，在整体实力上会受到限制，许多业务需要依赖其他银行的代理才能完成，在经济发展和同业竞争中常处于不利的地位。

控股公司制银行又叫集团制银行，是指由一个集团成立控股公司，再由该公司收购或控制一家或多家银行的股份。在法律上，这些银行是独立的，其业务经营与决策统属于同一股权公司所控制。这种商业银行的组织形式在美国最为流行。控股公司制银行的优点是能够有效地扩大银行资本总量，增强银行的实力，提高银行抵御风险和参与市场竞争的能力，因而可以弥补单一制银行的不足。控股公司制银行的缺点是容易形成银行业的集中与垄断，不利于银行之间开展竞争，并在一定程度上限制了银行经营的自主性与银行的创新活动。

连锁制银行是指由某一个人或某一个集团购买若干家独立银行的多数股票，从而达到控制这些银行的目的。这些被控制的银行在法律上是独立的，但实际上其所有权控制在某一个人或某一个集团手中，其业务和经营管理由这个人或这个集团决策控制。连锁制银行曾盛行于美国中西部，是为了弥补单一制银行的缺点而发展起来的。连锁制银行与控股公司制银行的作用相同，差别在于不以股权公司的形式存在，即不必成立控股公司。

（二）商业银行的经营特点

1. 高负债率

商业银行主要从事信用的授受，它作为信用中介，一方面从工商企业及社会公众吸收存款，借入资金；另一方面又向工商企业及社会公众发放贷款，组织资金运用，因此，高负债率是商业银行一个突出的经营特点。商业银行的高负债率建立在社会公众对银行具有充分信心的基础上，如果社会公众对银行的信心发生动摇，则可能会出现存款挤兑现象，商业银行的生存与发展会出现危机。高负债经营使商业银行显得十分脆弱，商业银行必须确定不同于一般工商企业的经营原则。

2. 高风险性

商业银行业是一个高风险的行业，除了因社会公众对银行信心的动摇可能会出现的存款挤兑风险外，还面临着所发放贷款可能难以按事先约定收回的信贷风险、因市场利率和汇率变化所带来的市场风险，以及因银行从业人员业务水平不高和业务操作不当所带来的操作风险等。上述风险的存在使商业银行的经营管理比一般企业更为谨慎，因而商业银行经营原则的确定不同于一般工商企业，必须兼顾更多方面的关系。

3. 监督管理的严格性

由于商业银行业是一个高负债、高风险的行业，商业银行的业务活动与社会公众的利益息息相关，以及商业银行在国民经济中占有举足轻重的重要地位，各国政府都对商业银行业实施十分严格的监管，包括规定商业银行的开业资格、限制商业银行的活动领域以及规定存贷款利率的范围等。

▶ **案　例**

某村村民用 4000 元开起"山寨银行"

2015 年 7 月 14 日，刘某在村里一家试营业的"中国建设银行"存入 4 万元的现金，并拿到了一本存折。不久，刘某想要取出钱做生意，但工作人员却以总行当日未结款为由不予支付。7 月 29 日，刘某因为急需用钱到县城中国建设银行营业网点取款，可是被告知存折无法读取信息。银行工作人员仔细辨认后，确定不仅这本存折是假的，为刘某办理存款的这家银行也是假的，并立即向当地公安机关报警。

接到报警后，县公安局经侦大队当日就查处了这家试营业的假冒银行。据警方调查，这家假冒银行外面悬挂着"中国建设银行银行卡助农取款服务点""助农银行卡取款网点"标志，银行内设有柜台、点钞机、计数器以及计算机、打印机、监控系统等，几名柜员则是银行老板的女儿及其几个同学，存款操作流程与银行一样。自 7 月 10 日试营业以来，这家所谓的"中国建设银行"一直以银行设备还在调试为由，拒绝周围群众的取款业务，却能受理存款业务。在民警的协助下，中国建设银行的工作人员拆除了该假冒窝点悬挂的招牌，8 月 7 日警方将犯罪嫌疑人张某抓获归案。

据犯罪嫌疑人张某交代，他觉得银行赚钱迅速，所以想自己开家银行来吸收群众的存款，于是租用了王某的两间门面房，铺地砖、建柜台、贴标识、进设备、做存折、刻印章，全套成本仅花费了 4000 元。

【案例分析】

根据《中华人民共和国商业银行法》（以下简称《商业银行法》）的有关规定，申请人设立商业银行，应当具备一定的条件，向国务院银行业监督管理机构提交相关资料，经国务院银行业监督管理机构审查批准。经批准设立的商业银行，由国务院银行业监督管理机构颁发经营许可证，并凭该许可证向工商行政管理部门办理登记，领取营业执照。商业银行设立分支机构必须经国务院银行业监督管理机构审查批准。经批准设立的商业银行分支机构，由国务院银行业监督管理机构颁发经营许可证，并凭该许可证向工商行政管理部门办理登记，领取营业执照。未经国务院银行业监督管理机构批准，擅自设立商业银行，或者非法吸收公众存款、变相吸收公众存款，构成犯罪的，依法追究刑事责任，并由国务院银行业监督管理机构予以取缔。伪造、变造、转让商业银行经营许可证，构成犯罪的，依法追究刑事责任。

（三）商业银行的经营原则

1. 效益性

效益是产出与投入之比。效益性原则是指商业银行在经营活动中追求效益最大化，这也是商业银行的经营目的。商业银行作为经营金融业务的企业，追求盈利是商业银行生存的必要保证，商业银行开办哪些业务，首先要看这些业务能否为银行带来盈利。

2. 流动性

流动性是指资产能随时变现且在价值上不遭受损失的能力。流动性原则是指商业银行在经营活动中必须使资产保持一定的流动性，以便满足客户随时提取存款等要求。商业银行要保持流动性，一方面在安排资金运用时要保持合理的资产结构，另一方面在组织资金来源时要保持合理的负债结构。

3. 安全性

安全性是指商业银行在经营过程中要避免各种风险，保证资金的安全。安全性是银行资产正常运营的必要保障。商业银行的资金主要来源于吸收的存款及各种借款，资金主要用于发放贷款和投资。贷款和投资存在本息不能收回的风险，从而影响商业银行本身的安全和生存，因此，商业银行在经营过程中必须坚持安全性。

商业银行经营的上述三个原则既是相互统一的，又有一定的矛盾。如果没有安全性，效益性和流动性也就不能最后实现；流动性越大，风险越小，安全性越高。但流动性、安全性与效益性存在一定的矛盾，一般来说，流动性大、安全性高的资产，其效益性低；而效益性高的资产，其流动性小、风险高、安全性低。由于三者之间存在矛盾，商业银行在经营过程中必须统筹兼顾三者之间的关系，综合权衡利弊，不能偏废其一。商业银行一般应在保持安全性、流动性的前提下，实现效益的最大化。

（四）商业银行的主要业务

1. 负债业务

负债业务是指商业银行吸收资金以形成银行资金来源的业务，包括存款负债、其他负债、自有资本。

存款负债是指商业银行所吸收的单位活期存款、单位定期存款和居民储蓄存款，主要包括活期存款、定期存款和储蓄存款。活期存款又称为支票账户，是指单位在银行开立此账户时不约定存款期限，可以随时办理续存、凭支票办理支取的存款。单位开立活期存款账户的主要目的是进行支付结算。定期存款是指单位与银行事先商定存款期限，到期支取本金和利息的存款。单位办理定期存款的主要目的是获取一定的利息收入。储蓄存款是指个人将其拥有的人民币或外币存入商业银行，商业银行开具存折或银行卡、存单作为凭证，个人凭存折或银行卡、存单可以支取本金和利息，包括活期储蓄存款、定期储蓄存款和定活两便储蓄存款等。存款负债是商业银行的主要资金来源，它为商业银行实现各项职能活动提供了基础。

▶ 案　例

银行是否可以拒付与客户约定的利息

某年，中国建设银行某县支行开展"智力投资定期储蓄"：存 1000 元，15 年后变成 2 万元，30 年后变成 6 万元。在《致孩子爸爸妈妈的一封公开信》

中，中国建设银行某县支行把参加"智力投资定期储蓄"的好处归结为"一是发扬艰苦奋斗的社会风尚，支援国家建设；二是更好地安排子女的学习和生活"，最后还"特此"向关心孩子成长、支援国家建设的爸爸妈妈们表示"衷心谢意"。15年后，忙着为女儿置办嫁妆的王某取出15年前的本金为1000元的存单到银行取款时，原来热情的银行变脸了，答应支付她的2万元钱变成了3810.10元，说是根据中国人民银行同期存款利率计算的结果。王某咽不下这口气，起诉了建设银行某县支行，请求法院责令被告足额兑现15年前的存单。

【案例分析】

1）"智力投资定期储蓄"的存款利率不属于建设银行某县支行自主决定的范畴。按照《人民币利率管理规定》第六条的规定，金融机构有权确定以下利率：浮动利率、内部资金往来利率、同业拆借利率、贴现利率和转贴现利率、中国人民银行允许确定的其他利率。建设银行某县支行确定的利率不属于以上范围。

2）按照《人民币利率管理条例》第五条的规定，中国人民银行制定、调整以下利率：中国人民银行对金融机构存、贷款利率和再贴现利率，金融机构存、贷款利率，优惠贷款利率，罚息利率，同业存款利率，利率浮动幅度，其他。因此，本案例中的利率应由中国人民银行确定。

3）中国建设银行某县支行应足额兑现王某15年前的存单。因为储蓄存款人与银行之间形成的是契约关系，其权利与义务的核心内容是：存款的货币所有权转给了银行，因为货币的所有权随交付而转移，且银行的贷款业务必然涉及对存入货币的处置；存款人可以随时要求银行归还存入的款项；银行在客户提出要求时有义务归还存入的款项，并按照约定支付利息。因此，银行应足额支付与王某之前约定的利息。

其他负债是指商业银行的各种借入款项，如以发行债券方式向社会公众的借款、以同业拆解形式向同业的借款、以再贴现或再贷款方式向中央银行的借款、在国际货币市场上的借款等。相对存款负债来说，其他负债是商业银行的主动型负债。

自有资本即银行资本金，是商业银行从事经营活动必须注入的资金，是商业银行经营的基础，从会计角度上理解是资产减去负债后的净额，又称为所有者权益。银行资本金是指银行股东为赚取利润而投入银行的货币和保留在银行中的收益。当银行破产清算时，存款人和其他债权人对银行剩余资产具有优先追索权。

2. 资产业务

资产业务是指商业银行运用资金以形成银行资产的业务,包括现金资产、信贷资产、证券投资等。

现金资产是指银行为保证资产的流动性而持有的流动性资产,包括库存现金、存放在中央银行的超额存款准备、存放在同业的存款和托收现金等。

信贷资产是指银行发放的各种贷款。贷款可以从不同的标准进行分类,按贷款主体的不同,贷款可以分为单独贷款和联合贷款;按借款人所提供的贷款保证的不同,贷款可以分为抵押贷款、质押贷款和信用贷款;按贷款期限的不同,贷款可以分为短期贷款和中长期贷款;按贷款用途的不同,贷款可以分为工业贷款、商业贷款、农业贷款和消费贷款等。

证券投资是指银行购买有价证券的活动。商业银行进行证券投资活动,可以获取收益、增加资产流动性、分散经营风险。

▸ 案 例 ─

银行对委托贷款是否负有按期收回的义务

2016 年 3 月,某市甲公司委托当地 A 银行向乙公司贷款人民币 400 万元,为期一年。协商一致后,甲公司、乙公司和 A 银行签订了三方委托贷款协议。协议签订后,甲公司将人民币 400 万元交付 A 银行,A 银行开出了具名甲公司的一张存单,存款金额为人民币 400 万元,期限为一年,并在存单中注明到期不论乙公司是否按期归还贷款,A 银行都将凭该存单向甲公司支付该笔款项。之后,A 银行将人民币 400 万元转入乙公司的账户。一年后,该笔贷款到期,乙公司因财务困难无力支付款项,A 银行未能收回贷款本息。甲公司遂向 A 银行要求归还资金,但 A 银行此时辩称该笔贷款属于委托贷款,银行并不负有保证贷款按期收回的义务,因此,拒不付款。一个月以后,甲公司在与 A 银行多次交涉未果后遂诉至法院,要求 A 银行归还 400 万元委托贷款资金及其利息。

【案例分析】

1)甲公司、乙公司和 A 银行之间存在三种法律关系:甲公司和 A 银行之间存在存款关系,乙公司和 A 银行之间存在贷款关系,甲公司和乙公司之间存在借贷关系。

2)A 银行的辩称理由不成立。理由是银行因其帮助违法借贷的过错,应当对用资人不能偿还出资人本金部分承担赔偿责任。

3)A 银行有义务归还甲公司的部分资金。在本案例中,资金经过银行转账,且出资人自己指定用资人,银行因其帮助违法借贷的过错,应当对用资人不能偿还出资人本金部分承担赔偿责任,但不超过不能偿还本金部分的 40%。

3. 表外业务

表外业务是指商业银行从事的、不列入资产负债表内、但能影响商业银行当期损益的各项业务,该概念可以有狭义与广义之分。狭义的表外业务是指虽未被列入资产负债表内,但同表内的资产业务或负债业务关系密切的业务,又被称为或有资产业务或有负债业务,如贷款承诺、担保、互换、期货、期权、远期合约等。广义的表外业务是指商业银行所从事的所有不反映在资产负债表中的业务,除包括上述狭义的表外业务外,还包括结算、代理、咨询等业务。

▶ **案 例**

代理缴费业务引发的经济纠纷

2016 年 3 月 20 日,客户王华到代理水费缴纳业务的中国工商银行某支行,向柜员小陈说明缴纳本户上月水费。柜员小陈迅速打开居民水费代缴系统,在水费代缴系统中输入相应信息,告诉王华应缴纳水费 248 元。客户王华认为水费代缴系统中显示的本月应缴纳水费金额有误,根据自来水公司给本户的抄告通知单,本月应缴纳水费中因水管破裂而造成的 180 元水费不应该由本户支付,只缴纳扣除 180 元之后的 68 元水费。柜员小陈认为因水管破裂而造成的 180 元水费是否应该由客户王华支付这一问题,应由王华与自来水公司协商解决,银行不承担任何责任。

【案例分析】

1)银行代理缴费业务是银行受客户委托、代为办理指定费用收取的服务性中间业务。根据委托代理协议,银行在办理代理缴费业务时只负责办理具体收缴手续,不负责处理收缴双方的任何经济纠纷。

2)在本案例中,关于因水管破裂而造成的 180 元水费是否应该由客户王华支付这一问题,应由王华与自来水公司协商解决,柜员小陈及其所在代收银行都不承担任何责任。

四、政策性银行

（一）政策性银行的特征

1. 不以盈利为经营目标

建立政策性银行的宗旨是实现政府的政策目标,政策性银行开展业务的出发点是实现社会整体效益,而不是实现微观效益。因此,在经营过程中,政策性银行不以盈利为经营目标,亏损由政府给予补偿。当然,政策性银行也不完全忽视项目的效益性。

2. 资金运用限于特定的业务领域

政策性银行的业务领域一般为对国民经济发展具有重大现实意义，或者国民经济薄弱环节，或者对经济均衡协调发展或社会稳定具有重要作用的有关领域，如农业、经济开发、中小企业、进出口贸易、住房等领域。即使是进出口贸易领域，也不包括所有的项目，而只是同特定产业的产品或技术的进出口相关。政策性银行一般不与商业银行竞争，只是补充后者信贷业务的不足。

3. 资金来源和资金运用不同于商业银行

政策性银行不以吸收存款作为资金来源，资金来源主要是政府预算拨款、发行债券和中央银行再贷款。政策性银行的资金运用以发放长期贷款为主，贷款的利率、期限、担保等条件要比商业银行优惠。

（二）我国的政策性银行及其作用

目前，我国的政策性银行有国家开发银行、中国农业发展银行和中国进出口银行。国家开发银行是于1994年3月正式成立的我国第一家政策性银行，注册资本为500亿元人民币，总部设在北京。中国农业发展银行成立于1994年4月，总部设在北京，在全国30个省、自治区、直辖市设立了分支机构。中国进出口银行成立于1994年5月，注册资本为33.8亿元人民币，总部设在北京。三家政策性银行积极贯彻国家产业政策、宏观调控政策和对外经贸政策，在推动我国产业结构调整、缓解经济发展的瓶颈制约、促进农业和农村经济发展、提高我国企业和出口商品的国际竞争力、加快开放型经济的发展等方面发挥了重要作用。

1. 国家开发银行的作用

国家开发银行通过支持"两基一支"，解决瓶颈制约，为我国经济持续增长提供了基础条件支撑。近年来，及时缓解并不断解决基础设施、基础产业、支柱产业、城市化建设、区域经济发展不协调等瓶颈制约是推动经济增长的基础条件和重要因素之一，在解决这些瓶颈制约时，国家开发银行发挥了重要作用。此外，国家开发银行也是债券信用银行，在发行债券和承销企业债券的过程中积极培育市场、促进市场整体素质的提高。

2. 中国农业发展银行的作用

中国农业发展银行的作用主要体现在以下两个方面。一是支持粮棉收购，促进农业经济农村社会发展。中国农业发展银行通过落实粮棉购销政策，切实做好收购资金供应和管理工作，解决了广大农民的"打白条"问题，保护了农民利益，促进了农业经济农村社会发展。二是支持粮棉储备体系建设，增强国家对粮棉市场的宏观调控能力，稳定粮棉市场。中国农业发展银行贯彻执行粮棉购销市场化改革政策，按照"以销定贷、以效定贷"的原则，发放非保护价粮棉收购贷款和调销贷款，支持地方发展订单农业和优质粮棉生产，支持粮棉主产区与主销区之间产销衔接，促进种植业结构调整。

3. 中国进出口银行的作用

中国进出口银行的作用主要体现在以下三个方面。一是支持企业出口，促进开放型经济发展。中国进出口银行通过支持机电产品和高新技术产品出口，积极推进实施我国出口市场多元化战略，优化我国出口商品结构。二是积极推进"走出去"战略的实施。近年来，中国进出口银行积极推动实施中央提出的"走出去"战略，将支持对外承包工程、境外投资、资源合作开发等"走出去"项目作为业务发展方向，大力支持中国企业走出国门，开展跨国经营。三是促进对外关系发展，有效配合我国外交工作。由中国进出口银行承办的优惠出口买方信贷项目和援外优惠贷款项目遍及亚洲、非洲、拉丁美洲、大洋洲和欧洲的许多国家。在中国进出口银行的各类贷款中，对周边国家和地区以及其他发展中国家的贷款占据主导地位，贷款资金主要集中在这些国家的交通、能源、通信等基础设施项目和资源开发等基础工业项目，对培育当地市场、改善投资环境、推动中国与这些国家的双边经贸合作发挥重要作用，也为贯彻落实我国政府确定的"以邻为伴、与邻为善"和"睦邻、安邻、富邻"的外交政策作出积极贡献。

（三）我国政策性银行的主要业务

1. 国家开发银行的主要业务

国家开发银行的业务主要有：管理和运用国家核拨的预算内经营性建设资金的贴息资金；向国内金融机构发行金融债券和向社会发行财政担保建设债券；办理有关的外国政府和国际金融机构贷款的转贷，经国家批准在国外发行债券，根据国家利用外资计划筹措国际商业贷款；向国家基础设施、基础产业和支柱产业的大中型基本建设和技术改造等政策性项目及其配套工程发放政策性贷款；办理建设项目贷款条件评审、咨询和担保业务；为重点建设项目物色国内外合作伙伴，提供投资机会和投资信息等。

2. 中国农业发展银行的主要业务

中国农业发展银行主要承担国家规定的农业政策性金融业务，主要业务有：

由国务院确定、中国人民银行安排资金并由财政予以贴息的粮食、棉花、油料、猪肉、食糖等主要农副产品的国家专项储备贷款；办理粮、棉、油、肉等农副产品的收购贷款以及粮、油调销、批发贷款；办理承担国家粮油等产品政策性加工任务企业的贷款；办理扶贫贴息贷款、老少边穷地区开发贷款；办理国家确定的小型农、林、牧、水利基本建设和技术改造贷款；办理中央和省级政府财政支农资金和代理拨付，为各级政府设立的粮食风险基金开立专户并代理拨付等。

3. 中国进出口银行的主要业务

中国进出口银行主要承担机电产品和成套设备等资本性货物进出口金融业务，主要业务范围包括：为机电产品和成套设备等资本性货物进出口提供进出口信贷，包括卖方信贷和买方信贷；与机电产品出口信贷有关的外国政府贷款、混合贷款、出口信贷转贷款以及中国政府对外国政府贷款、混合贷款的转贷款、国际银行间的贷款，组织参加国际、国内银团贷款；出口信用保险、出口信贷担保、进出口保险等；进出口业务咨询和项目评审，为对外经济技术合作和贸易提供服务等。

五、信用合作机构

（一）信用合作机构的特点

在经营和管理上，信用合作机构具有以下三个方面的特点：

一是作为群众性互助合作组织，在民主选举基础上由社员指定人员管理，并对全体社员负责。信用合作机构的最高权力机构是社员代表大会，负责具体事务的管理和业务经营的执行机构是理事会。

二是主要资金来源于合作社成员缴纳的股金、公积金和吸收的存款，贷款主要用于解决其成员的资金需求。信用合作机构期初主要发放短期生产贷款和消费贷款，后来开始为生产设备更新、技术改造等提供中长期贷款。

三是业务对象主要限于合作社成员，业务手续简便灵活、利率较低。

（二）我国信用合作机构的主要业务

1. 农村信用社的主要业务

我国农村信用社的主要业务是依照国家法律和金融政策的规定，组织和调节农村资金，支持农业生产和农村综合发展，支持各种形式的合作经济和社员家庭经济。我国农村信用社的主要业务有：吸收农民和各种合作组织以及农村的机关、团体、学校等的各项存款；发放农民为解决临时生活困难所需的贷款，对农民和各种合作组织发放临时性的生产费用贷款；发放长期的生产设施贷款、开发性投资贷款以及社员购买耐用消费品、建筑用房的贷款；办理农民、机关、团体等委托的信托业务；接受国家银行委托的代理农贷、公债和其他业务。

> ▸ **案 例**
>
> ## 延期支付存款引发的经济纠纷
>
> 2016 年 4 月 20 日，光明公司生产车间机器急需备用配件，该公司派经理赵伟到该县农村信用社公司所在地储蓄所提取存款购置。该储蓄所工作人员身体不适，又恰逢停电，遂以生病和计算机无法运行为由，停止支付。经赵伟一个多小时的严正交涉，该储蓄所工作人员才办理取款业务。赵伟取款后匆匆赶往配件批发中心，不料该中心已下班，其他同类商店也已关门。当天该公司因机器出现故障无配件更换而致使车间停产 12 小时，直接经济损失为 20 余万元。该公司在与储蓄所多次交涉未果后向当地法院起诉，要求该县农村信用社赔偿经济损失。
>
> 【案例分析】
>
> 1）城市信用合作社、农村信用合作社办理存款、贷款和结算等业务，适用《中华人民共和国商业银行法》有关规定，商业银行应当保证存款本金和利息的支付，不得拖延、拒绝支付存款本金和利息。因此，商业银行及时支付存款人本金和利息是无条件的，而该储蓄所擅自以生病和停电为借口拒绝支付以致拖延支付，这是违法的。
>
> 2）法律还规定，如果延期支付存款人的取款，银行可能要承担由此产生的后果。虽经严正交涉，该储蓄所工作人员仍拖延支付存款人取款时间长达一个多小时，这成为赵伟未能购买到配件的直接原因，信用社应赔偿由此给该公司造成的经济损失。

2. 城市信用社的主要业务

城市信用社主要承担城市集体企业、个体工商户以及城市居民的金融服务业务，主要业务有：办理城市集体企业和个体工商户的存款、贷款和汇款业务；办理城市个人储蓄存款业务；代办保险及其他代收代付业务；办理中国人民银行批准的其他业务。

六、银行监管机构

目前，我国的银行监管机构是中国银监会及各地银监局。

中国银监会的主要职责有：①依照法律、行政法规制定并发布对银行业金融机构及其业务活动监督管理的规章、制度；②依照法律、行政法规规定的条件和程序，审查批准银行业金融机构的设立、变更、终止以及业务范围；③对银行业金融机构的董事和高级管理人员实行任职资格管理；④依照法律、行政法规制定银行业金融机构的审慎经营规则；⑤对银行业金融机构的业务活动及其风险状况进行非现场监管，建立银行业金融机构监督管理信息系统，分析、评价银行业金融机构的风险状况；⑥对银行业金融机构的业务活动及其风险状况进行现场检查，制定现场检查程序，规范现场检查行为；⑦对银行业金融机构实行并表监督管理；⑧会同有关部门建立银行业突发事件处置制度，制定银行业突发事件处置预案，明确处置机构和人员及其职责、处置措施和处置程序，及时、有效地处置银行业突发事件；⑨负责统一编制全国银行业金融机构的统计数据、报表，并按照国家有关规定予以公布；⑩对银行业自律组织的活动进行指导和监督；⑪开展与银行业监督管理有关的国际交流、合作活动；⑫对已经或者可能发生信用危机，严重影响存款人和其他客户合法权益的银行业金融机构实行接管或者促成机构重组；⑬对有违法经营、经营管理不善等情形的银行业金融机构予以撤销；⑭对涉嫌金融违法的银行业金融机构及其工作人员以及关联行为人的账户予以查询，对涉嫌转移或者隐匿违法资金的申请司法机关予以冻结；⑮对擅自设立银行业金融机构或非法从事银行业金融机构业务活动予以取缔；⑯负责国有重点银行业金融机构监事会的日常管理工作；⑰承办国务院交办的其他事项。

各地银监局需贯彻执行国家有关金融工作的法律、法规，依据中国银监会的授权，制定监管法规、制度方面的实施细则和规定，负责对辖内有关银行业金融机构及其分支机构的设立、变更、终止和业务活动的监督管理，依法对金融违法、违规行为进行查处。

第二节　证券机构

证券机构主要包括证券公司、证券交易所、证券登记结算机构、证券服务机构、证券业协会、证券监管机构等。

一、证券公司

（一）证券公司的概念及作用

1. 证券公司的概念

证券公司又称为证券商，是指依照《中华人民共和国公司法》（以下简称《公司法》）、《中华人民共和国证券法（以下简称《证券法》）的有关规定设立并经国务院证券监管机构批准，从事证券经纪、证券投资咨询、证券承销和保荐、证券自营、证券资产管理等证券业务的有限责任公司或股份有限公司。世界各国对证券公司的称呼和划分不尽相同，美国称其为投资银行，英国称其为商人银行。以德国为代表的一些国家实行银行业与证券业混合经营，通常由银行设立公司从事证券业务经营。日本等一些国家和我国一样，将专营证券业务的金融机构称为证券公司。

2. 证券公司的作用

证券公司是证券市场重要的中介机构，在证券市场运作中发挥重要作用。一方面，证券公司是证券市场投融资服务的提供者，为证券发行人和投资者提供专业化的中介服务，如证券发行和上市保荐、证券承销、证券代理买卖等；另一方面，证券公司也是证券市场重要的机构投资者。此外，证券公司还通过资产管理，为投资者提供证券及其他金融产品的投资管理服务等。

（二）证券公司及其分支机构的设立

1. 证券公司的设立

根据《证券法》的规定，我国证券公司的组织形式为有限责任公司或股份或股份有限公司，不得采取合伙及其他非法人组织形式。

设立证券公司应当具备下列条件：有符合法律、行政法规规定的公司章程；主要股东具有持续盈利能力，信誉良好，最近三年无重大违法违规记录，净资产不低于人民币 2 亿元；有符合《证券法》规定的注册资本；董事、监事、高级管理人员具备任职资格，从业人员具有证券从业资格；有完善的风险管理与内部控制制度；有合格的经营场所和业务设施；法律、行政法规规定的和经国务院批准的国务院证券监管机构规定的其他条件。

根据《证券法》的规定，证券公司的注册资本最低限额与证券公司从事的业务种类直接挂钩，分为 5000 万元、1 亿元和 5 亿元三个标准。证券公司经营证券经纪、证券投资咨询与证券交易、证券投资活动有关的财务顾问业务中的一项和数项的，注册资本最低限额为人民币 5000 万元；证券公司经营证券承销与保荐、证券自营、证券资产管理和其他证券业务中的任何一项的，注册资本最低限额为人民币 1 亿元；证券公司经营证券承销与保荐、证券自营、证券资产管理和其他证券业务中的任何两项以上的，注册资本最低限额为人民币 5 亿元。证券公司的注册资本应当是实缴资本。

外资参股证券公司的设立必须符合《外资参股证券公司设立规则》中规定的条件。

2. 证券公司分支机构的设立

（1）证券公司子公司的设立

按照中国证监会于 2007 年 12 月 28 日发布的《证券公司设立子公司试行规定》，证券公司可以设立子公司。证券公司子公司是指依照《公司法》和《证券法》设立，由一家证券公司控股，经营经中国证监会批准的单项或者多项证券业务的证券公司。

证券公司申请设立子公司有以下两种形式：一是设立全资子公司；二是与符合《证券法》规定的证券公司股东条件的其他投资者共同出资设立子公司，其他投资者为境外股东的，还应当符合《外资参股证券公司设立规则》规定的条件。

证券公司设立子公司，应当符合下列审慎性要求：最近 12 个月各项风险控制指标持续符合规定标准，最近一年净资本不低于 12 亿元人民币；具备较强的经营管理能力，设立子公司经营证券经纪、证券承销与保荐或者证券资产管理业务的，最近一年公司经营该业务的市场占有率不低于行业中等水平；具备健全的公司治理结构、完善的风险管理制度和内部控制机制，能够有效防范证券公司与其子公司之间出现风险传递和利益冲突；中国证监会的其他要求。

证券公司设立子公司，应当符合以下监管要求：一是禁止同业竞争，即证券公司与其子公司、受同一证券公司控制的子公司之间不得经营存在利益冲突或者竞争关系的同类业务；二是子公司股东的股权与公司表决权和董事推荐权相适应，禁止子公司及其股东通过协议或者其他安排约定不按出资比例或者持有股份的比例行使表决权和董事推荐权；三是禁止相互持股；四是证券公司不得利用其控股地位损害子公司、子公司其他股东和子公司客户的合法权益；五是建立风险隔离制度，防止风险传递和利益冲突。

（2）证券公司分公司的设立

按照中国证监会于 2008 年 5 月 13 日发布的《证券公司分公司监管规定》，证券公司可以设立分公司。证券公司分公司是指证券公司依照《公司法》、《证券法》和《证券公司监督管理条例》设立的除证券营业部以外的分支机构。证券公司设立分公司应当经中国证监会批准。分公司不具有企业法人资格，其法律责任由证券公司承担。

证券公司申请设立分公司，应当符合下列审慎性要求：具备健全的公司治理结构、完善的风险管理制度和内部控制机制；设立分公司应当与公司的业务规模、管理能力、资本实力和人力资源状况相适应，并具备充分的合理性和可行性；最近两年内无重大违法违规行为，不存在因涉嫌违法违规正在受到立案调查的情形；具备与拟设立分公司业务范围相适应的营运资金、办公场所、业务及管理人员、技术条件、安全保障措施及其他条件；拟任负责人取得证券公司分支机构负责人任职资格；中国证监会的其他要求。

证券公司可以授权其分公司经营下列业务：管理证券公司一定区域内的证券营业部；经营证券公司一定区域内的证券承销与保荐业务；作为证券公司专门的证券自营业务机构经营证券自营业务；作为证券公司专门的证券资产管理业务机构经营证券资产管理业务；中国证监会批准的证券公司其他业务。证券公司的分公司不得直接经营证券营业部的业务。

（3）证券营业部的设立

按照中国证监会于2009年修订的《关于进一步规范证券营业网点的规定》，证券公司在住所地和在全国设立证券营业部应当符合一定的审慎性要求。例如，客户交易结算资金已按规定实施第三方存管；账户开立、管理规范，客户资料完整、真实；账户规范工作符合有关监管要求；具备健全的公司治理结构和内部控制机制，合规管理制度、风险控制指标监控体系符合监管要求；信息技术系统符合有关规范和监管要求；具有完善的业务管理制度，制定了明确的业务规则和清晰的操作流程；建立了有效的投资者教育工作机制，并着手建立以"了解自己的客户"和"适当性服务"为核心的客户管理和服务体系；最近两年净资本及各项风险控制指标持续符合规定标准；最近三年公司未因重大违法违规行为受到行政或刑事处罚；公司不存在证券账户开户代理业务、增设和收购营业性分支机构、营业性分支机构的迁移和转让等受到限制且尚未解除或者较大整改事项尚未完成的情形；不存在因涉嫌违法违规事项正在受到立案调查等。在证券公司住所地申请设立证券营业部的，上一年度证券营业部平均代理买卖证券业务净收入不低于公司住所地所在的辖区内证券公司的平均水平，且最近一次证券公司分类评价类别在C类以上（含C类）；或者最近三年分类评价类别在B类以上（含B类），且有一年为A类。证券公司申请在全国范围内设立营业部时，还需符合下列条件之一：上一年度公司代理买卖证券业务净收入位于行业前20名且证券营业部平均代理买卖证券业务净收入不低于行业平均水平，最近一次证券公司分类评价类别在B类以上（含B类）；上一年度公司证券营业部平均代理买卖证券业务净收入位于行业前20名，最近一次证券公司分类评价类别在B类以上（含B类）；上一年度证券营业部平均代理买卖证券业务净收入不低于公司住所地辖区内证券公司的平均水平或不低于行业平均水平，最近三年分类评价类别均在B类以上（含B类），且有一年为A类。

（三）证券公司监管制度

1. 以诚信与资质为标准的市场准入制度

设立证券公司必须满足法律法规对注册资本、股东、高级管理人员及业务人员、制度建设、经营场所、合规记录等方面的设立条件。在准入环节对控股股东和大股东的资格进行审慎调查，鼓励资本实力强、具有良好诚信记录的机构参股证券公司。将业务许可与证券公司资本实力挂钩，要求证券公司必须达到从事不同业务的最低资本要求。加强证券公司高管人员的监管，将事后资格审查改为事前审核、专业测评、动态考核等相结合，切实保护诚信专业、遵规守法的高管人员，淘汰不合规、不称职的高管人员，处罚违法违规的高管人员，培育证券业合格的职业经理群体。

2. 以净资本为核心的经营风险控制制度

以净资本为核心的经营风险控制制度具有三个特点：一是建立了公司业务范围与净资本充足水平动态挂钩机制；二是建立了公司业务规模与风险资本动态挂钩机制；三是建立了风险资本准备与净资本水平动态挂钩机制。

在日常监管中，以资本充足为监管重点，加强对证券公司风险控制指标生成过程的检查，通过建立监控系统加强风险控制指标的实时监控和预警，并对风险控制指标不符合规定的公司及时采取相应的监管措施。同时，以证券公司风险管理能力为基础，以财务状况和合规程度为依据，对证券公司进行评价和分类，并对不同类别的证券公司适用不同的监管措施，规定不同的风险控制指标标准和风险资本准备计提比例，在监管资源分配、现场检查和非现场检查频率等方面区别对待。

3. 合规管理制度

合规是指证券公司及其工作人员的经营管理和执业行为符合法律、法规、规章及其他规范性文件、行业规范和自律规则、公司内部规章制度以及行业公认并普遍遵守的职业道德和行为准则。合规管理是指证券公司制定和执行合规管理制度，建立合规管理机制，培育合规文化，防范合规风险的行为。

按照中国证监会于2008年7月发布实施的《证券公司合规管理试行规定》，证券公司应设立合规总监和合规部门，强化对公司经营管理行为合规性的事前审查、事中监督和事后检查，有效预防、及时发现并快速处理内部机构和人员的违规行为，迅速改进、完善内部管理制度，保障合规总监的独立性，保障其履行职责所必需的知情权和调查权。合规总监应当对公司内部管理制度、重大决策、新产品和新业务方案等进行合规审查，并出具书面的合规审查意见。合规总监应当采取有效措施，对公司及其工作人员的经营管理和执业行为的合规性进行监督，并按照证券监管机构的要求和公司规定进行定期、不定期的检查。合规总监应当组织实施公司反洗钱和信息隔离制度。

案 例

某证券公司违规被行政处罚

2016年9月10日，某证券公司收到中国证监会行政处罚事先告知书，公司涉嫌未按规定审查、了解客户真实身份违法违规案，被中国证监会给以行政处罚，责令整改，没收违法所得680.51万元，并罚款2041.54万元，对王某、林某、梅某及周某给予警告，并各罚款10万元。

据中国证监会调查，两年前，该证券公司对某市恒生网络技术服务HOMS系统开放接入。同年12月该证券公司上海分公司对该系统开放专线接入，于一年后专线连通。同年3月30日，该证券公司上海分公司为某市铭创软件技术系统安装第三个交易网关。对于上述外部接入的第三方交易终端软件，该证券公司未进行软件认证许可，未对外部系统接入实施有效管理，对相关客户身份情况缺乏了解。同年5月25日，该证券公司已知悉并关注HOMS系统等存在引发违规配资及违反账户实名制管理有关规定等问题，该证券公司在未采集上述客户身份识别信息的情况下，未实施有效的了解客户身份的回访、检查等程序。

【案例分析】

根据中国证监会2015年7月12日公布并实行的《关于清理整顿违法从事证券业务活动的意见》，证券公司应在为客户开立证券账户时，对客户申报的姓名或者名称、身份的真实性进行审查，保证同一客户开立的资金账户和证券账户的姓名或者名称一致。证券公司不得将客户的资金账户、证券账户提供给他人使用。对通过外部接入信息系统买卖证券情形，证券公司应当严格审查客户身份的真实性、交易账户及交易操作的合规性，防范任何机构或者个人借用本公司证券交易通道违法从事交易活动。

4. 客户交易结算资金第三方存管制度

根据《证券法》有关"客户的交易结算资金应当存放在商业银行，以每个客户的名义单独立户管理"的规定，中国证监会在原有客户资金存管制度的基础上，按照保障客户资产安全、防止风险传递、方便投资者、有利于证券公司业务创新的原则，设计、实施了新的客户交易结算资金第三方存管制度。

客户交易结算资金第三方存管制度是指证券公司在内接受客户委托，承担申报、清算、交收责任的基础上，在多家商业银行开立专户存放客户的交易结算资金，商业银行根据客户资金存取和证券公司提供的交易清算结果，记录每个客户的资金变动情况，建立客户资金明细账簿，并实施总分核对和客户资金的全封闭银证转账。

5. 信息报送与披露制度

证券公司信息公开披露制度要求所有证券公司实行基本信息公示和财务信息公开披露。通过现场检查和非现场检查、行政监督、年报审计等多种手段和措施，确保证券公司披露信息真实完整，将信息强制性披露与自主性披露结合起来，提高证券公司经营活动和财务状况的透明度。

（四）证券公司的主要业务

1. 证券经纪业务

证券经纪业务又称为代理买卖证券业务，是指证券公司接受客户委托代理客户买卖有价证券的业务。在证券经纪业务中，证券公司只收取一定比例的佣金作为业务收入。证券经纪业务分为通过证券交易所代理买卖证券业务和柜台代理买卖证券业务。目前，我国公开发行并上市的股票、公司债券及权证等证券在证券交易所以公开的集中交易方式进行，因此，我国证券公司从事的证券经纪业务以通过证券交易所代理买卖证券业务为主，证券公司的柜台代理买卖证券业务主要为在代办股份转让系统进行交易的证券的代理买卖。

2. 证券投资咨询业务

根据《证券、期货投资咨询管理暂行办法》的规定，证券投资咨询业务是指从事证券投资咨询业务的机构及其咨询人员为证券投资人或者客户提供证券投资分析、预测或者建议等直接或者间接有偿咨询服务的活动。证券公司可以经营证券投资咨询业务。

证券投资咨询业务可以分为证券投资顾问业务和发布证券研究报告两种基本业务形式。按照中国证监会于 2010 年 10 月 19 日公布的《证券投资顾问业务暂行规定》，证券投资顾问业务是指证券公司、证券投资咨询机构接受客户委托，按照约定，向客户提供涉及证券及证券相关产品的投资建议服务，辅助客户作出投资决策，并直接或间接获取经济利益的经济活动。投资建议服务内容包括投资的品种选择、投资组合以及理财规划建议等。按照中国证监会于 2010 年 10 月 19 日公布的《发布证券研究报告暂行规定》，发布证券研究报告是指证券公司、证券投资咨询机构对证券及证券相关产品的价值、市场走势或者相关影响因素进行分析，形成证券估值、投资评级等投资分析意见，制作证券研究报告，并向客户发布的行为。证券研究报告主要包括涉及证券及证券相关产品的价值分析报告、行业研究报告、投资策略报告等。

3. 与证券交易、证券投资活动有关的财务顾问业务

财务顾问业务是指与证券交易、证券投资活动有关的咨询、建议、策划业务。具体包括：为企业申请证券发行和上市提供改制改组、资产重组、前期辅导等方面的咨询服务；为上市公司重大投资、收购兼并、关联交易等业务提供咨询服务；为法人、自然人及其他组织收购上市公司及相关的资产重组、债务重组等提供咨询服务；为上市公司完善法人治理结构、设计经理层股票期权、职工持股计划、投资者关系管理等提供咨询服务；为上市公司再融资、资产重组、债务重组等资本营运提供融资计划、方案设计、推介路演等咨询服务；为上市公司的债权人、债务人对上市公司进行债务重组、资产重组、相关的股权重组等提供咨询服务；中国证监会认定的其他业务形式。

4. 证券承销与保荐业务

证券承销是指证券公司代理证券发行人发行证券的行为。证券承销可以采取代销或者包销方式。证券代销是指证券公司代理发行人发售证券，在承销期结束时将未售出的证券全部退还给发行人的承销方式。证券包销是指证券公司将发行人的证券按照协议全部购入或者在承销期结束时将售后剩余证券全部自行购入的承销方式，前者为全额包销，后者为余额包销。根据《证券法》的规定，向不特定对象发行的证券票面总值超过人民币5000万元的，应当由承销团承销，承销团由主承销商和参与承销的证券公司组成。

▶ **案 例**

在承销期未结束前是否可以再签承销协议

2016年7月，甲公司公开发行股票，委托乙证券公司代理发售，双方签订了承销协议，承销期为90天。该协议约定，如果股票在发行结束后未全部售出，剩余部分可退还甲公司。股票发行工作开始后，发行状况不理想。同年9月，甲公司在承销期未结束前又联系了丙证券公司，约定由丙接手承销股票，并签订了协议，此协议约定如果承销期结束后股票未能售完，则由丙公司自行购入。

【案例分析】

甲公司与乙证券公司签订的承销协议属于代销，甲公司与丙证券公司签订的承销协议属于包销。甲公司与丙证券公司签订承销协议的行为不符合法律规定。如果乙公司产生损失，甲公司应该赔偿。

发行人申请公开发行股票、可转换为股票的公司债券，依法采取承销方式的，

或者公开发行法律、行政法规规定实行保荐制度的其他证券的，应当聘请具有保荐资格的机构担任保荐机构。证券公司履行保荐职责，应按规定注册登记为保荐机构。保荐机构负责证券发行的主承销工作，负有对发行人进行尽职调查的义务，对公开发行募集文件的真实性、准确性、完整性进行核查，向中国证监会出具保荐意见，并根据市场情况与发行人协商确定发行价格。

5. 证券自营业务

证券自营业务是指证券公司以自己的名义，以自有资金或者依法筹集的资金，为本公司买卖在境内证券交易所上市交易的证券，在境内银行间市场交易的政府债券、国际开发机构人民币债券、央行票据、金融债券、短期融资券、公司债券、中期票据和企业债券，以及经中国证监会批准或者备案发行并在境内金融机构柜台交易的证券，以获取盈利的行为。

证券公司开展自营业务有利于活跃证券市场，维护交易的连续性，但要防范操纵市场和内幕交易等不正当行为。证券公司开展自营业务，或者设立子公司开展自营业务，都需要取得证券监管部门的业务许可；证券公司不得为从事自营业务的子公司提供融资或者担保；公司治理结构健全，内部管理有效，能够有效控制业务风险；公司有合格的高级管理人员及适当数量的从业人员、安全平稳运行的信息系统；建立完备的业务管理制度、投资决策机制、操作流程和风险监控体系。

6. 证券资产管理业务

证券资产管理业务是指证券公司作为资产管理人，根据有关法律、法规和与投资者签订的资产管理合同，按照资产管理合同约定的方式、条件、要求和限制，为投资者提供证券及其他金融产品的投资管理服务，以实现资产收益最大化的行为。

证券公司从事资产管理业务应当获得证券监管部门批准的业务资格；公司净资本不低于 2 亿元，且各项风险控制指标符合有关监管规定，设立限定性集合资产管理计划的净资本限额为 3 亿元，设立非限定性集合资产管理计划的净资本限额为 5 亿元；资产管理业务人员具有证券从业资格，且无不良行为记录，其中具有三年以上证券自营、资产管理或者证券投资基金管理从业经历的人员不少于5 人；公司具有良好的法人治理结构、完备的内部控制和风险管理制度。经中国证监会批准，证券公司可以从事为单一客户办理定向资产管理业务、为多个客户办理集合资产管理业务、为客户办理特定目的的专项资产管理业务。

7. 其他证券业务

除上述业务外，证券公司业务还有融资融券业务、证券公司中间介绍（IB）

业务、直接投资业务等。

融资融券业务是指证券公司向客户出借资金供其买入上市证券或者出借上市证券供其卖出，并收取担保物的经营活动。根据《证券公司融资融券业务管理办法》的规定，经中国证监会批准，具有融资融券业务资格的证券公司可以开展融资融券业务。

IB（introducing broker，介绍经纪商），是指机构或者个人接受期货经纪商的委托，介绍客户给期货经纪商并收取一定佣金的业务模式。证券公司中间介绍业务是指证券公司接受期货经纪商的委托，为期货经纪商介绍客户参与期货交易并提供其他相关服务的业务活动。根据我国现行相关制度规定，证券公司不能直接代理客户进行期货买卖，但具有 IB 业务资格的证券公司可以从事期货交易的中间介绍业务。

证券公司开展直接投资业务，应当设立子公司（以下称直投子公司），由直投子公司开展业务。直投业务范围如下：使用自有资金对境内企业进行股权投资；为客户提供股权投资的财务顾问服务；设立直接基金，筹集并管理客户资金进行股权投资；在有效控制风险、保持流动性的前提下，以现金管理为目的，将闲置资金投资于依法公开发行的国债、投资级公司债、货币市场基金、央行票据等风险较低、流动性较强的证券以及证券投资基金、集合资产管理计划或者专项资产管理计划；中国证监会同意的其他业务。

（五）证券公司的治理结构

证券公司的治理结构是一种联系并规范股东（财产所有者）、董事会、经理的权利和义务以及与此相关的聘选、监督等问题的制度安排。良好的公司治理结构可解决公司各方利益分配问题，对公司能否高效运转、是否具有竞争力起到决定性的作用。证券公司应当按照现代企业制度，明确划分股东大会、董事会、监事会、经理层的权力和职责，建立完备的风险管理和内部控制体系。证券公司及其股东、高级管理人员要诚实守信，保障证券公司股东、客户及其他利益相关者的合法权益，维护证券公司资产的独立和完整。

2012 年 10 月 19 日，中国证监会修订了《证券公司董事、监事和高级管理人员任职资格监管办法》，明确了证券公司董事、监事和高级管理人员的任职条件、职责及监管措施。2012 年 12 月 11 日，中国证监会发布了《证券公司治理准则》，对证券公司股东及其实际控制人、董事、独立董事、监事、高级管理人员的资格条件、权利义务、职责范围，股东会、董事会、监事会的职权范围，证券公司激励与约束机制及证券公司与客户关系基本原则等作出了具体规定。2014 年 7 月 29 日，国务院修订了《证券公司监督管理条例》，对证券公司的组织机构及进一步完善证券公司治理结构作出了规定，并在对证券公司高级管理人员的监督方面进一步明确了任职资格的要求及持续监管要求。

（六）证券公司的内部控制

证券公司的内部控制是指证券公司为实现经营目标，根据经营环境变化，对证券公司经营与管理过程中的风险进行识别、评价和管理的制度安排、组织体系和控制措施。中国证监会于 2003 年 12 月 15 日修订发布《证券公司内部控制指引》，要求证券公司按照现代企业制度的要求，建立健全符合《公司法》规定的治理结构，加强内部管理，建立严格的内部控制制度。

有效的内部控制应为证券公司实现以下目标提供合理保证：保证经营的合法合规及证券公司内部规章制度的贯彻执行；防范经营风险和道德风险；保障客户及证券公司资产的安全、完整；保证证券公司业务记录、财务信息和其他信息的可靠、完整、及时；提高证券公司经营效率和效果。证券公司内部控制的主要内容包括：经纪业务内部控制、自营业务内部控制、投资银行业务内部控制、资产管理业务内部控制、研究咨询业务内部控制、业务创新内部控制、分支机构内部控制、财务管理内部控制、会计系统内部控制、信息系统内部控制、人力资源管理内部控制等。

二、证券交易所

（一）证券交易所的定义

证券交易所是证券买卖双方公开、集中进行证券交易的场所。证券交易所是一个高度组织化的市场，证券交易所本身并不买卖证券，也不决定证券价格，而是为证券交易提供一定的场所和设施，配备必要的管理和服务人员，并对证券交易进行周密的组织和严格的管理，为证券交易顺利进行提供一个稳定、公开、高效的市场。我国《证券法》规定，证券交易所是为证券集中交易提供场所和设施，组织和管理证券交易，实行自律管理的法人。

（二）证券交易所的特征

与场外交易市场相比较，证券交易所具有以下特征：有固定的交易场所和交易时间；参加交易者为具备会员资格的证券经营机构，交易采用经纪制，即一般投资者不能直接进入交易所买卖证券，只能委托会员作为经纪人间接进行交易；交易的对象限于合乎一定标准的上市证券；通过公开竞价的方式决定交易价格；集中了证券的供求双方，具有较高的成交速度和成交率；实行"公开、公平、公正"原则，并对证券交易加以严格管理。

（三）证券交易所的职能

证券交易所为证券交易创造公开、公平、公正的市场环境，扩大了证券成交的机会，有助于公平交易价格的形成和证券市场的正常运行。根据我国《证券交易所管理办法》，证券交易所具有以下职能：提供证券交易的场所和设施；制定证券交易所的业务规则；接受上市申请、安排证券上市；组织、监督证券交易；对会员进行监管；对上市公司进行监管；设立证券登记结算机构；管理和公布市场信息；中国证监会许可的其他职能。

（四）证券交易所的组织形式

证券交易所的组织形式可以分为会员制和公司制两种形式。会员制的证券交易所是一个由会员自愿组成、不以营利为目的的社会法人团体，交易所设会员大会、理事会和监察委员会。公司制的证券交易所是指按照《公司法》的规定，以股份有限公司形式组织并以营利为目的的法人团体，一般由金融机构及各类民营公司组建，交易所章程中明确规定作为股东的证券经纪商和证券自营商的名额、资格和公司存续期限。

《证券法》规定，证券交易所的设立和解散由国务院决定。我国境内两家证券交易所——上海证券交易所和深圳证券交易所均按会员制方式组成，是非营利性的法人，组织机构由会员大会、理事会、监察委员会和其他专门委员会、总经理及其他职能部门组成，会员大会是证券交易所的最高权力机构，理事会是证券交易所的决策机构。

（五）证券交易所的运作系统

我国的证券交易所采用无纸化集中交易方式。上海证券交易所的运作系统包括集中竞价交易系统、大宗交易系统、固定收益证券综合电子平台。深圳证券交易所的运作系统包括集中竞价交易系统、综合协议交易平台。

1. 集中竞价交易系统

证券交易所的运作系统由必要的硬件设施和信息、管理等软件组成，其运作实现了高度的计算机化和无形化，建立了安全、高效的电脑运行系统，该系统通常包括交易系统、结算系统、信息系统和监察系统四个部分。交易系统通常由交易主机、交易大厅、参与者交易业务单元（上海证券交易所）或交易单元（深圳证券交易所）、报盘系统及相关的通信系统等组成。结算系统是指对证券交易进行清算、交收和过户的系统。信息系统负责对每日证券交易的行情信息和市场信息进行实时发布，信息系统发布网络可以由交易通信网、信息服务网、证券报刊和因特网等组成。监察系统是证券交易所依法设立的证券交易监控系统，该系统集成了交易、登记、结算数据和上市公司、证券公司等相关信息，通过信息分析技术对证券交易活动进行实时监控，及时发现涉嫌内幕交易、市场操纵等违法违规行为。

2. 大宗交易系统

大宗交易是指一笔数额较大的证券交易，通常在机构投资者之间进行。在交易所市场进行的证券单笔买卖达到交易所规定的最低限额，可以采用大宗交易方式。大宗交易在交易所正常交易日收盘后的限定时间进行，申报方式有意向申报和成交申报。

上海证券交易所以大宗交易系统为平台，为解除限售存量股份的大额转让和以向合格投资者发行与配售股份的方式转让提供日常服务和专场服务。上海证券交易所会员和合格投资者可以直接参与大宗交易系统业务，其他投资者通过委托交易所会员参与交易。

3. 固定收益证券综合电子平台

固定收益证券综合电子平台（以下简称固定收益平台）是上海证券交易所设置的、与集中竞价交易系统平行的、独立的固定收益市场体系。该体系是为国债、企业债、资产证券化债券等固定收益产品提供交易商之间批发交易和为机构投资人提供投资和流动性管理的交易平台。固定收益平台所交易的固定收益证券包括国债、公司债券、企业债券、分离交易的可转换公司债券中的公司债券。固定收益平台设立交易商制度，符合条件的上海证券交易所会员和其他合格投资者可以申请交易商资格。固定收益平台的交易包括交易商之间的交易和交易商与客户之间的交易。

4. 综合协议交易平台

综合协议交易平台是指深圳证券交易所为会员和合格投资者进行各类证券大宗交易或协议交易提供的交易系统。该平台是在原大宗交易平台各项业务集中整合的基础上发展而来的，是一个主要服务于机构投资者的交易平台。符合法律法规和《深圳证券交易所交易规则》规定的证券大宗交易以及专项资产管理计划收益权份额等证券的协议交易可以通过综合协议交易平台进行，具体包括：权益类证券大宗交易，包括A股、B股、基金等；债券大宗交易，包括国债、企业债券、公司债券、分离交易的可转换公司债券、可转换公司债券和债券质押式回购等；专项资产管理计划收益权份额协议交易和深圳证券交易所规定的其他交易。深圳证券交易所会员可以申请成为综合协议交易平台交易用户，符合条件的合格投资者经深圳证券交易所批准可以申请成为交易用户。

三、证券登记结算机构

证券登记结算机构是为证券交易提供集中登记、存管与结算服务，不以营利为目的的法人。在我国，证券登记结算采取全国集中统一的运营方式，证券登记结算机构为中国证券登记结算有限责任公司。按照《证券法》和《证券登记结算管理办法》的相关规定，中国证券登记结算有限责任公司履行下列职能：证券账户、结算账户的设立和管理；证券的存管和过户；证券持有人名册登记及权益登记；证券和资金的清算交收及相关管理；受发行人的委托派发证券权益；依法提供与证券登记结算业务有关的查询、信息、咨询和培训服务；中国证监会批准的其他业务。中国证券登记结算有限责任公司下设上海分公司和深圳分公司，上海分公司为上海证券市场提供日常证券登记、存管与结算服务，深圳分公司为深圳证券市场提供日常证券登记、存管与结算服务。按照《证券登记结算管理办法》，证券登记结算机构实行行业自律管理。

四、证券服务机构

证券服务机构是指依法设立的从事证券服务业务的法人机构。证券服务机构包括投资咨询机构、财务顾问机构、资信评级机构、资产评估机构、证券金融公司、会计师事务所、律师事务所等从事证券服务业务的机构。根据我国有关规定，证券服务机构的设立需要按照工商管理法规的要求办理注册，从事证券服务业务必须得到中国证监会和有关主管部门批准。投资咨询机构、财务顾问机构、资信评级机构从事证券服务业务的人员必须具备证券专业知识和从事证券业务或者证券服务业务 2 年以上的经验。

> ► **案 例**
>
> #### 证券投资咨询机构必须取得证券投资咨询业务资格
>
> 某年 7 月 16 日，中国证监会通报了两起涉及证券咨询活动的案件。经中国证监会调查，北京某文化传媒和资产管理公司在合作经营某省卫视股评节目《远观今盘》的过程中，在未取得证券投资咨询业务资格的情况下，利用《远观今盘》官方微博向投资者推介荐股服务，并以短信方式向付费投资者推荐股票，获取非法收入 270 余万元。北京某信息技术公司在未取得证券投资咨询业务资格的情况下，利用"创富锦囊"平台，提供有偿荐股服务。
>
> 【案例分析】
>
> 上述有关机构和个人的行为涉嫌违反《证券法》《中华人民共和国刑法》（以下简称《刑法》）相关规定，证监会依法将上述案件移送公安机关，并将

根据司法机关处理意见进一步追究相关机构和个人的行政责任。根据有关规定，证券投资咨询机构必须在市场管理部门办理注册、取得证券投资咨询业务资格，并得到中国证监会和有关主管部门批准，未取得证券投资咨询业务资格、未得到中国证监会和有关主管部门批准的机构不得从事证券投资咨询服务活动。

五、证券业协会

证券业协会是证券业的自律性组织，是社会团体法人。中国证券业协会是依法注册、具有独立法人地位、由经营证券业务的金融机构自愿组成的行业自律性组织。中国证券业协会采取会员制的组织形式，证券公司应当加入中国证券业协会。中国证券业协会的权利机构为由全体会员组成的会员大会。中国证券业协会的自律管理体现在保护行业共同利益、促进行业共同发展，具体表现为对会员单位的自律管理、对行业从业人员的自律管理、负责制定代办股份转让系统运行规则、监督证券公司代办股份转让业务活动和信息披露等事项。

根据《证券法》，中国证券业协会履行下列职责：教育和组织会员遵守证券法律、行政法规；依法维护会员的合法权益，向证券监督管理机构反映会员的建议和要求；收集整理证券信息，为会员提供服务；制定会员应遵守的规则，组织会员单位的从业人员的业务培训，开展会员间的业务交流；对会员之间、会员与客户之间发生的证券业务纠纷进行调解；组织会员就证券业的发展、运作及有关内容进行研究；监督、检查会员行为，对违反法律、行政法规或者协会章程的，按照规定给予纪律处分；证券业协会章程规定的其他职责。

六、证券监管机构

证券市场监管是指证券监管部门运用法律的、经济的以及必要的行政手段，对证券的募集、发行、交易等行为以及证券投资中介机构的行为进行监督与管理。

在我国，证券监管机构是中国证券监督管理委员会（以下简称中国证监会）及其派出机构。中国证监会是国务院直属机构，是全国证券、期货市场的主管部门，按照国务院授权履行行政管理职能，依照相关法律、法规对全国证券、期货市场进行集中、统一监管，维护证券市场秩序，保障其合法运行。

国务院证券监督管理机构在对证券市场实施监督管理中履行下列职责：依法制定有关证券市场监督管理的规章、规则，并依法行使审批或者核准权；依法对证券的发行、上市、交易、登记、存管、结算，进行监督管理；依法对证券发行人、上市公司、证券公司、证券投资基金管理公司、证券服务机构、证券交易所、证券登记结算机构的证券业务活动，进行监督管理；依法制定从事证券业务人员的资格标准和行为准则，并监督实施；依法监督检查证券发行、上市和交易的信息公开情况；依法对证券业协会的活动进行指导和监督；依法对违反证券市场监督管理法律、行政法规的行为进行查处；法律、行政法规规定的其他职责。

中国证监会派出机构在证券市场监管中履行下列职责：认真贯彻、执行国家有关法律、法规和方针、政策，依据中国证监会的授权对辖区内的上市公司、证券期货经营机构、证券期货投资咨询机构和从事证券业务的律师事务所、会计师事务所、资产评估机构等中介机构的证券业务活动进行监督管理；依法查处辖区内前述监管范围的违法、违规案件，调节证券、期货业务纠纷和争议，以及中国证监会授予的其他职责。

第三节　保 险 机 构

一、保险公司

（一）保险公司的概念与作用

1. 保险公司的概念

保险公司是指依照《公司法》《中华人民共和国保险法》（以下简称《保险法》）的有关规定设立并经国务院保险监督管理机构批准，从事人身保险、财产保险、再保险等保险业务的有限责任公司或股份有限公司。

2. 保险公司的作用

保险公司在社会经济运行中发挥着重要作用，具体表现在以下几个方面。一是集聚风险、分散风险、降低个体损失。这是保险公司在社会经济运行中的基本作用。保险公司作为风险的管理者，将众多个体投保人的风险集中起来，然后运用特定的风险管理技术对其予以分散和转移，并在约定范围内对出险的投保人给予一定的经济补偿，这就降低了个体投保人在社会经济运行中所承担的风险和损失。二是融通长期资金、促进资本形成、重新配置资源。保险公司的资金运作与信贷市场、资本市场之间保持着密切联系，保险公司已成为金融市场中重要的机构投资者，对社会资本形成及社会资源的优化配置发挥着重要作用。三是提供经济保障、稳定社会生活。从经济运行来看，保险公司为社会再生产的各个环节提供经济保障，充当社会经济生活和个人生活的稳定器，为企业、家庭和个人提供预期的生产和生活保障，解决企业、家庭和个人的后顾之忧，促进社会、经济平稳有序发展。

（二）保险公司的设立

设立保险公司应当经国务院保险监督管理机构批准。

设立保险公司应当具备下列条件：主要股东具有持续盈利能力，信誉良好，最近三年内无重大违法违规记录，净资产不低于人民币 2 亿元；有符合《保险法》和《公司法》规定的章程；有符合《保险法》规定的注册资本；有具备任职专业知识和业务工作经验的董事、监事和高级管理人员；有健全的组织机构和管理制度；有符合要求的营业场所和与经营业务有关的其他设施；法律、行政法规和国务院保险监督管理机构规定的其他条件。

设立保险公司，其注册资本的最低限额为人民币 2 亿元，保险公司的注册资本必须为实缴货币资本。保险公司的董事、监事和高级管理人员，应当品行良好，熟悉与保险相关的法律、行政法规，具有履行职责所需的经营管理能力，并在任职前取得保险监督管理机构核准的任职资格。保险公司应当聘用经国务院保险监督管理机构认可的精算专业人员，建立精算报告制度。保险公司应当聘用专业人员，建立合规报告制度。

保险公司在境内设立分支机构，应当经保险监督管理机构批准。保险公司分支机构不具有法人资格，其民事责任由保险公司承担。保险公司在境外设立子公司、分支机构、代表机构，应当经国务院保险监督管理机构批准。外国保险机构在境内设立代表机构，应当经国务院保险监督管理机构批准，代表机构不得从事保险经营活动。

（三）保险公司的种类

按照保险的基本业务不同，保险公司可以分为人寿保险公司、财产保险公司和再保险公司。

人寿保险公司的保险品种主要是基于对受保人寿命或健康状况预期而提供的人寿保险、健康保险、意外伤害保险等。此外，人寿保险公司还提供年金、养老基金、退休金等保险产品。

财产保险公司主要针对一定范围的财产损失提供保险。财产保险产品分为个人部分和商业部分，个人部分包括家庭财产保险、汽车保险等，商业部分包括产品责任保险、商业财产保险、内部玩忽职守损失保险等。

再保险是保险公司（称为让与公司）对承担的来自于投保人的风险进行再次分配的一种方法。在再保险中，让与公司通过购买再保险可以把部分或全部的偿付责任转移给再保险公司，再保险公司对让与公司的保险人依据再保险协议中所包括的赔偿支付项目进行偿付。该方法可以使行业损失在一组公司内被吸收和分布，从而不会使单个公司在为投保人提供偿付时承受过重的财务负担。一般来说，大灾难、无法预见的赔偿责任和一系列大的损失可以通过再保险进行处理。如果没有再保险，多数保险公司将只能承保较安全的保险业务，对于许多有风险也有价值的商业机会则无法承保。

（四）保险公司的主要业务

根据《保险法》的规定，保险公司的业务范围如下：人身保险业务，包括人寿保险、健康保险、意外伤害保险等保险业务；财产保险业务，包括财产损失保险、责任保险、信用保险、保证保险等保险业务；国务院保险监督管理机构批准的与保险有关的其他业务。保险人不得兼营人身保险业务和财产保险业务。但是，经营财产保险业务的保险公司经国务院保险监督管理机构批准，可以经营短期健康业务和意外伤害保险业务。保险公司应当在国务院保险监督管理机构依法批准的业务范围内从事保险经营活动。经国务院保险监督管理机构批准，保险公司可以经营上述保险业务的分出保险业务和分入保险业务。保险公司开展业务，应当遵循公平竞争的原则，不得从事不正当竞争。

> ▶ **案 例**
>
> ### 理赔金额是否根据保险金额确定
>
> 2016 年 1 月 25 日，张伟花 5.2 万元从某市机动车交易市场购买了一辆××品牌×款二手车，并向某保险公司投保了车辆损失险、第三者责任险、盗抢险，不计免赔特约条款。投保时，张伟选择了该款车的新车购置价 14.8 万元作为保险金额，共缴纳各项保险费 4288 元。5 月 20 日，该车发生火灾，全部损毁。事故发生后，张伟向保险公司提出索赔。经过现场勘查，保险公司只同意按照该车的实际价值 5.2 万元承担责任。但张伟认为自己是按 14.8 万元投保和缴纳保险费的，保险公司应当赔付 14.8 万元。
>
> 【案例分析】
>
> 根据《保险法》及保险的损失补偿原则，保险事故发生后，被保险人有权获得补偿，但保险人的补偿数额以使标的物恢复到事故发生前的状态为限，即保险金额不能超过保险价值，超过的部分无效，即使保险金额超过车辆实际价值，也只能以车辆实际价值理赔。本案例中，张伟购买车辆时仅花费了 5.2 万元，保险公司应赔偿其 5.2 万元。

保险公司的资金运用限于下列形式：银行存款；买卖债券、股票、证券投资基金份额等有价证券；投资不动产；国务院规定的其他资金运用形式。保险公司的资金运用必须稳健，遵循安全性原则。经国务院保险监督管理机构会同国务院证券监督管理机构批准，保险公司可以设立保险资产管理公司。保险资产管理公司从事证券投资活动，应当遵守《证券法》等法律、行政法规的规定。

（五）保险公司及其工作人员的禁止行为

保险公司及其工作人员在保险业务活动中不得有下列行为：欺骗投保人、被保险人或者受益人；对投保人隐瞒与保险合同有关的重要情况；阻碍投保人履行本法规定的如实告知义务，或者诱导其不履行本法规定的如实告知义务；给予或者承诺给予投保人、被保险人、受益人保险合同约定以外的保险费回扣或者其他利益；拒不依法履行保险合同约定的赔偿或者给付保险金义务；故意编造未曾发生的保险事故、虚构保险合同或者故意夸大已经发生的保险事故的损失程度进行虚假理赔，骗取保险金或者牟取其他不正当利益；挪用、截留、侵占保险费；委托未取得合法资格的机构或者个人从事保险销售活动；利用开展保险业务为其他机构或者个人牟取不正当利益；利用保险代理人、保险经纪人或者保险评估机构，从事以虚构保险中介业务或者编造退保等方式套取费用等违法活动；以捏造、散布虚假事实等方式损害竞争对手的商业信誉，或者以其他不正当竞争行为扰乱保险市场秩序；泄露在业务活动中知悉的投保人、被保险人的商业秘密；违反法律、行政法规和国务院保险监督管理机构规定的其他行为。

二、保险中介机构

保险中介机构主要有保险代理人和保险经纪人。

（一）保险代理人和保险经纪人的概念

保险代理人是根据保险人的委托，向保险人收取佣金，并在保险人授权的范围内代为办理保险业务的机构或者个人。保险代理机构包括专门从事保险代理业务的保险专业代理机构和兼营保险代理业务的保险兼业代理机构。

保险经纪人是基于投保人的利益，为投保人与保险人订立保险合同提供中介服务，并依法收取佣金的机构。

（二）保险代理人和保险经纪人的设立

保险代理机构、保险经纪人应当具备国务院保险监督管理机构规定的条件，取得保险监督管理机构颁发的经营保险代理业务许可证、保险经纪业务许可证。保险专业代理机构、保险经纪人凭保险监督管理机构颁发的许可证向工商行政管理机关办理登记，领取营业执照。保险兼业代理机构凭保险监督管理机构颁发的许可证，向工商行政管理机关办理变更登记。

保险专业代理机构、保险经纪人的高级管理人员，应当品行良好，熟悉保险法律、行政法规，具有履行职责所需的经营管理能力，并在任职前取得保险监督管理机构核准的任职资格。个人保险代理人、保险代理机构的代理从业人员、保险经纪人的经纪从业人员，应当具备国务院保险监督管理机构规定的资格条件，取得保险监督管理机构颁发的资格证书。

（三）保险代理人和保险经纪人的合规管理制度

保险代理机构、保险经纪人应当有自己的经营场所，设立专门账簿记载保险代理业务、经纪业务的收支情况。保险代理机构、保险经纪人应当按照国务院保险监督管理机构的规定缴存保证金或者投保职业责任保险。未经保险监督管理机构批准，保险代理机构、保险经纪人不得动用保证金。个人保险代理人在代为办理人寿保险业务时，不得同时接受两个以上保险人的委托。保险人委托保险代理人代为办理保险业务，应当与保险代理人签订委托代理协议，依法约定双方的权利和义务。保险代理人根据保险人的授权代为办理保险业务的行为，由保险人承担责任。保险代理人没有代理权、超越代理权或者代理权终止后以保险人名义订立合同，使投保人有理由相信其有代理权的，该代理行为有效。保险人可以依法追究越权的保险代理人的责任。保险经纪人因过错给投保人、被保险人造成损失的，依法承担赔偿责任。

（四）保险代理人、保险经纪人及其从业人员的禁止行为

保险代理人、保险经纪人及其从业人员在办理保险业务活动中不得有下列行为：欺骗保险人、投保人、被保险人或者受益人；隐瞒与保险合同有关的重要情况；阻碍投保人履行本法规定的如实告知义务，或者诱导其不履行本法规定的如实告知义务；给予或者承诺给予投保人、被保险人或者受益人保险合同约定以外的利益；利用行政权力、职务或者职业便利以及其他不正当手段强迫、引诱或者限制投保人订立保险合同；伪造、擅自变更保险合同，或者为保险合同当事人提供虚假证明材料；挪用、截留、侵占保险费或者保险金；利用业务便利为其他机构或者个人牟取不正当利益；串通投保人、被保险人或者受益人，骗取保险金；泄露在业务活动中知悉的保险人、投保人、被保险人的商业秘密。

▶ 案 例

保险代理人未进行任何询问是否可以被认定为不履行如实告知义务

2016 年 1 月 26 日，某公司职员李华通过保险代理人陈娟为其 56 岁的母亲黄霞投保 4 份重大疾病终身险。陈娟未对黄霞的身体状况进行询问就填写了保险单。事后陈娟也未要求黄霞做身体检查。第二年 5 月 20 日，黄霞病逝，李华要求保险公司理赔。保险公司以投保时未如实告知被保险人在投保前因"帕金森综合征"住院治疗的事实为由，拒绝理赔。李华在与保险公司多次交

涉未果后向当地法院起诉，要求保险公司给付保险金 16 万元。

【案例分析】

投保人履行了告知义务。如实告知并不是主动告知。本案例中保险代理人陈娟未对被保险人、投保人进行任何询问，就填写了保单中有关被保险人病史的内容。事后陈娟也未要求被保险人黄霞做身体检查。不能认定被保险人故意隐瞒事实，不履行如实告知义务。因此，保险公司应予赔付。

三、保险行业协会

保险行业协会是保险业的自律性组织，是社会团体法人。中国保险行业协会是依法注册的中国保险业的全国性自律组织，是自愿结成的非营利性社会团体法人。中国保险行业协会采取会员制的组织形式，保险公司应当加入中国保险行业协会，保险代理人、保险经纪人、保险公估机构可以加入中国保险行业协会。中国保险行业协会的最高权力机构为全体会员组成的会员大会。中国保险行业协会的宗旨是依据《保险法》，配合保险监管部门督促会员自律，维护行业利益，促进行业发展，为会员提供服务，促进市场公开、公平、公正，全面提高保险业服务和谐社会的能力。

根据《中国保险行业协会组织章程》，中国保险行业协会履行下列行业自律职责：督促会员依法合规经营；组织制定行业标准；积极推进保险行业信用体系建设；开展会员自律管理；其他与行业自律有关的事项。中国保险行业协会履行下列行业维权职责：参与决策论证；维护行业合法权益；维护会员合法权益；指导建立行业保险纠纷调解机制，加强保险消费者权益协调沟通机制的构建与维护；接受和办理监管部门、政府有关部门委托办理的事项；其他与行业维权有关的事项。中国保险行业协会履行下列行业服务职责：主动开展调查研究，及时向监管部门和政府有关部门反映保险市场存在的风险与问题，并提出意见和建议；协调会员之间、会员与从业人员之间的关系，调处矛盾，营造健康和谐的行业氛围；协调会员与保险消费者、社会公众之间的关系，维护保险活动当事人的合法权益；构建行业教育培训体系，开展从业人员资格认证管理和培训工作；组织会员间的业务、数据、技术和经验交流，促进资源共享、共同发展；其他与行业服务有关的事项。

四、保险监管机构

保险监管机构是指一国保险监管部门运用法律的、经济的以及必要的行政手段，对本国保险业的监督和管理。

在我国，保险监管机构是中国保监会及其派出机构。中国保监会是国务院直属事业单位，根据国务院授权履行行政管理职能，依照法律、法规统一监督管理全国保险市场，维护保险业的合法、稳健运行。

根据《保险法》的规定，关系社会公众利益的保险险种、依法实行强制保险的险种和新开发的人寿保险险种等的保险条款和保险费率，应当报国务院保险监督管理机构批准。国务院保险监督管理机构审批时，应当遵循保护社会公众利益和防止不正当竞争的原则。其他保险险种的保险条款和保险费率，应当报保险监督管理机构备案。保险公司使用的保险条款和保险费率违反法律、行政法规或者国务院保险监督管理机构的有关规定的，由保险监督管理机构责令停止使用，限期修改；情节严重的，可以在一定期限内禁止申报新的保险条款和保险费率。国务院保险监督管理机构应当建立健全保险公司偿付能力监管体系，对保险公司的偿付能力实施监控，对偿付能力不足的保险公司，应当将其列为重点监管对象，并根据具体情况采取相应措施。保险监督管理机构工作人员应当忠于职守，依法办事，公正廉洁，不得利用职务便利牟取不正当利益，不得泄露所知悉的有关单位和个人的商业秘密。

第四节 信托机构

一、我国信托公司的发展历程

中国的信托业始于 20 世纪初的上海。1921 年 8 月，在上海成立了第一家专业信托投资机构——上海通商信托公司，1935 年在上海成立了中央信托局。到1936 年，我国实有信托公司 11 家、银行兼营信托公司 42 家。

新中国成立至 1979 年以前，金融信托因为在高度集中的计划经济管理体制下，没有可能得到发展。中共中央十一届三中全会后，经济体制的变革呼唤多样性的信用体制的形成，金融信托作为一种重要的信用形式开始发展。1979 年 10 月，中国国际信托投资公司在北京成立，揭开了信托业发展的序幕。此后，从中央银行到各专业银行及行业主管部门、地方政府纷纷办起各种形式的信托投资公司。

自 1982 开始，由于信托业的不规范经营，国家对信托投资公司先后进行了六次清理整顿。1999 年开始整顿的重点是回归信托本源业务：实现信托业与银行业、证券业的严格分业经营、分业管理，保留少量规模较大、效益好、管理严格、真正从事受托理财业务的信托投资公司。

2001 年是中国信托业发展史上重要的一年。1 月 10 日，中国人民银行发布的《信托投资公司管理办法》（已废止）颁布施行；4 月 28 日，第九届全国人民代表大会常务委员会第二十一次会议通过《中华人民共和国信托法》（以下简称《信托法》）；10 月 1 日，《信托法》正式实施，第一次在中国确立了信托制度的法律地位。2002 年 7 月 18 日《信托投资公司资金信托管理暂行办法》的施行，规范了信托投资公司资金信托业务的经营行为。自 2007 年 3 月 1 日起，《信托公司管理办法》和《信托公司集合资金信托计划管理办法》开始正式实施。新规的设立，为信托业的发展奠定了基础。

在新的法规施行下，2010 年，全国范围内共有 55 家信托公司正常经营，共成立了 2337 只集合信托产品，总规模达到 2579 亿元。随后几年信托业迎来了爆发式的增长。行业规模从 2011 年的 3000 多亿元，突破到 2016 年的 16 万亿元。其数量也增加到现在的 68 家。随着政府对信托牌照的限制，国内信托公司的数量目前稳定在 68 家。

随着 2016 年 9 月 1 日《中华人民共和国慈善法》的正式施行，各大信托公司纷纷设立慈善信托，信托公司业务出现了新的道路。

二、信托中介机构的种类

（一）专营的信托机构

专营信托投资机构（单一信托机构）属于非银行金融机构，一般不经营银行业务，主要从事长期金融业务，具有独立的法人资格。我国目前有以下两种：

1）国家开办的信托机构。这种是全国性的信托投资机构，如中信信托投资有限责任公司和中国对外经济贸易信托投资有限公司。

2）地方或主管部门开办的信托机构。这种是各地方的信托投资机构，如山西省信托投资公司、甘肃省信托投资公司。

（二）兼营的信托机构

兼营的信托机构（附属于其他机构的信托机构）既从事信托业务，又从事银行业务的金融机构，有以下两种形式：

1）以从事信托业务为主，又从事银行业务的信托机构。例如，日本的信托投资机构大多是以信托业务为主，同时又兼营银行业务的信托银行。

2）以从事银行业务为主，又从事信托业务的银行信托部。

一般情况下，银行信托部本身不具有独立的法人资格或本身虽具有独立的法人资格但要受到另一机构的控制。它们一般是商业银行或专业银行为兼营一部分信托业务而设置的银行附属机构。例如，美国的大部分信托业务都是由商业银行设立的银行信托部经营的。

以上所涉及的各种信托投资机构都可从事信托业务，然而对于一个国家来说究竟选择哪一种类型更有利于社会经济的发展，则取决于一国的国情、经济体制模式及金融体制模式等。

三、信托机构的主要业务

1）受托经营资金信托业务，即委托人将自己无法或者不能亲自管理的资金以及国家有关法规限制其亲自管理的资金，委托信托投资公司按照约定的条件和目的，进行管理、运用和处置。

2）受托经营动产、不动产及其他财产的信托业务，即委托人将自己的动产、房产、地产以及版权、知识产权等财产、财产权，委托信托投资公司按照约定的条件和目的进行管理、运用和处置。

3）受托经营国家有关法规允许从事的投资基金业务，作为基金管理公司发起人从事投资基金业务。

4）经营企业资产的重组、并购及项目融资、公司理财、财务顾问等中介业务。

5）受托经营国务院有关部门批准的国债、企业债券承销业务。

6）代理财产的管理、运用与处分。

7）代保管业务。

8）信用见证、资信调查及经济咨询业务。

9）以自有财产为他人提供担保。

四、中国信托业协会

中国信托业协会（China Trustee Association，CTA）成立于 2005 年 5 月，是经中国银监会和民政部批准，由银监会批准成立的三大协会之一（另外两个是中国财务公司协会、中国银行业协会），是在民政部注册登记的全国性非营利社会团体，也是中国信托业行业自律组织，接受中国银监会的业务指导和监督管理。凡经中国银监会批准成立的、具有独立法人资格、承认《中国信托业协会章程》的信托业金融机构，均可申请加入中国信托业协会。

第五节 基金机构

一、基金公司的分类

从狭义上来说，基金公司仅指经中国证监会批准的、可以从事证券投资基金管理业务的基金管理公司（公募基金公司）。

从广义上来说，基金公司分为公募基金公司和私募基金公司。公募基金公司的经营业务以及人员活动受中国证监会监管，其从业人员属于基金业从业人员；私募基金公司受中国证监会监管。

从组织形式上说，基金公司分为公司制基金公司和有限合伙制基金公司。从实践来看，公募基金公司全部为公司制基金公司，私募基金公司既有采用公司制的，也有采用有限合伙制的。

二、基金公司的经营范围

1）管理型企业的经营范围可以核定为非证券业务的投资管理、咨询，参与设立投资型企业与管理型企业。不得从事证券类投资、担保，不得以公开方式募集资金。

2）非管理基金型企业的经营范围除可以核定以上范围外，还可以核定为非证券业务的投资，代理其他投资企业或个人的投资。不得从事证券类投资、担保，不得以公开方式募集资金。

3）管理型企业和投资型企业均可申请从事上述经营范围以外的其他经营项目，但不得从事证券类投资、担保。不得以公开方式募集资金。 投资型企业不得成为上市公司的股东，但是所投资的未上市企业上市后，投资型企业所持股份的未转让部分及其配售部分不在此限。

三、基金监管机构

基金监管机构是证券监管机构的组成部分，是政府为了保护基金投资者利益、规范基金交易和运作、维护基金市场秩序并促进基金市场健康发展而设立的，它们对基金活动进行严格的监督和管理。基金监管机构依法拥有审批或核准基金的权利，对成立的基金进行备案，列入基金管理人、基会托管人以及其他相关的中介机构进行监督和管理，并对违法违规行为进行查处。我国的基金监管机构主要为中国证监会、中国人民银行、证券交易所、证券业协会。

1. 中国证监会

中国证监会下设基金管理部和证监会在各地的派出机构专门行使对基金市场的监管。基金管理部的主要职责：草拟监管证券投资基金的规则、实施细则；审核证券投资基金、证券投资基金管理公司的设立，监管证券投资基金管理公司的业务活动；按规定与有关部门共同审批证券投资基金托管机构的基金托管业务资格，监管其基金托管业务；按规定监管中外合资的证券投资基金、证券投资基金管理公司。

各派出机构按属地原则对基金管理公司进行监管。对注册地和主要办公地不在同一城市的基金管理公司，以基金管理公司主要办公场所所在地派出机构监管为主，按注册地派出机构协助监管的原则进行分工。在监管的工作中，各派出机构相互配合并及时沟通信息。

2. 中国人民银行

中国人民银行是中国的中央银行，主要负责监管金融市场的安全运行及银行和信托等金融机构的运作。由于基金一般由银行托管，因此，银行作为基金托管机构时，必须经中国人民银行批准。

3. 证券交易所

我国证券交易所主要分为上海和深圳两大交易所。证券交易所的监管职责是对基金的交易行为进行监控。交易所在日常交易监控中，将单个基金视为单一投资人，将单个基金管理公司视为持有不同账户的单一投资人，比照同一投资人进行监控。当单一基金或基金管理公司管理的不同基金出现异常交易行为时，证券交易所应视情节轻重作出如下处理：①电话提示，要求基金管理公司或有关基金经理作出解释；②书面警告；③公开谴责；④对异常交易程度和性质的认定有争议的，报告中国证监会。

4. 证券业协会

证券业协会是一个自律组织，负责行业的自律管理职能，如组织基金从业人员资格考试等。

▶ 案 例

基金定投是工薪族理财首选

对于收入相对固定的工薪阶层，购买基金最好采用"定额定投"方式。

基金"定额定投"指的是投资者在每月固定的时间（如每月 10 日）以固定的金额（如 1000 元）投资到指定的开放式基金中，类似于银行的零存整取方式。由于基金"定额定投"起点低、方式简单，所以它也被称为"小额投资计划"或"懒人理财"。

在海外成熟市场，有超过半数的家庭购买基金，而他们投资基金的方式大多数采用定期定额投资，但是这种投资方式要经过一段时间才能有成效，最好能持续投资五年以上，工薪阶层以"定额定投"方式购买基金的最大好处是"小投资实现大收获"。例如，每月投资 1000 元，按 8% 的平均年收益率计算，投资者连续投资五年，其资金总额将达到 7 万元左右，比同期同档次定期储蓄和国债收益高。

【案例分析】

以"定额定投"方式购买基金适合以下三类人群：

1）工薪阶层。他们存款不多，却要在未来应付大额支出，这是很多人都会遇到的问题。例如，年轻的父母为子女积攒未来的教育经费，中年人为自己的养老计划存钱等。由于可以积少成多、起点也低，定投可谓是这类人群的投资首选。

2）想投资却不想冒太大风险的投资者。主要是指既害怕股市风险，又对其他投资方式不够了解，投资能力不强、期望稳健型投资的人。

3）职场新人。定投有助于培养投资习惯，特别适合刚踏入社会、积累比较有限、把投资当作末位问题看待的年轻人。定投不仅能为他们理财，而且能帮助年轻人改变消费习惯。

第六节　其他金融机构

一、期货公司

（一）期货公司的定义

期货公司是指依法设立的、接受客户委托、按照客户的指令、以自己的名义为客户进行期货交易并收取交易手续费的中介组织，其交易结果由客户承担。期货公司是交易者与期货交易所之间的桥梁。期货交易者是期货市场的主体，正是因为期货交易者具有套期保值或投机营利的需求，才促进了期货市场的产生和发展。尽管每一个交易者都希望直接进入期货市场进行交易，但是由于期货交易的高风险性，决定了期货交易所必须制定严格的会员交易制度，非会员不得入场交易。

（二）我国期货市场的产生和发展

中国期货市场产生的背景是粮食流通体制的改革。1988年2月，国务院指示有关部门研究国外的期货市场制度，解决国内农产品价格波动问题。1988年3月，《政府工作报告》提出：积极发展各类批发贸易市场，探索期货交易，就此拉开了中国期货市场研究和建设的序幕。1990年10月12日，郑州粮食批发市场经国务院批准成立，以现货交易为基础，引入期货交易机制，迈出了中国期货市场发展的第一步。

1. 初创时期（1990～1992年）

1990年10月郑州粮食批发市场成立。特点：以现货为主，首次引入期货交易机制。

其后，中国的各种期货交易所大量涌现，由于没有明确的行政主管部门，期货市场的配套法律法规严重滞后，期货市场出现了盲目发展的势头，国内各类交易所大量涌现，达50多家，期货经纪机构达到1000多家，大多为兼营机构。地下交易层出不穷，期货市场虚假繁荣。

2. 规范整顿时期（1993～2000年）

1993年11月，国务院下达《关于制止期货市场盲目发展的通知》。

第一阶段：交易所从50余家减为15家，经纪公司从上千家减为330家。

第二阶段：交易所从14家（1996年关闭1家）减为3家：上海期货交易所、大连商品交易所、郑州商品交易所，经纪公司从330家减为目前的180余家，交易品种保留12个。1999年，国务院颁布了《期货交易管理暂行条例》，与之相配套的规范期货交易所、期货经纪公司及其高管人员的四个管理办法陆续颁布实施，使中国期货市场正式纳入法制轨道。

3. 规范发展（2001年至今）

朱镕基在2001年第九届全国人民代表大会会议上明确提出，要重点培育和发展要素市场，稳步发展期货市场，正式拉开了期货市场规范发展的序幕。2004年2月1日，国务院颁布了《国务院关于推进资本市场改革开放和稳定发展的若干意见》，提出我国要"稳步发展期货市场"，"在严格控制风险的前提下，逐步推出为大宗商品生产者和消费者提供发现价格和套期保值功能的商品期货品种"。

（三）中国期货业协会

中国期货协会成立于2000年12月29日，协会的注册地和常设机构设在北京。协会最早建于1995年，是根据《社会团体登记管理条例》设立的全国期货行业自律性组织，为非营利性的社会团体法人。协会接受中国证监会和国家社会团体登记管理机关的业务指导和管理，由以期货经纪机构为主的团体会员、期货交易所特别会员组成。

会员大会是协会的最高权力机构，每三年举行一次。协会经费由会员入会费、年会费、特别会员费、社会捐赠、在核准的业务范围内开展活动或服务的收入等其他合法收入构成。

中国期货业协会自成立以来，在行业自律、从业人员管理、服务会员、宣传教育、内部建设等方面做了大量的工作，为建立有效的自律管理体系，推动期货市场的稳步发展作出了积极的努力。

▶ 案 例

国债期货强行平仓纠纷案

　　1998 年 1 月 29 日，原告陈某到被告上海申银证券公司浦东公司某营业部处做国债期货交易，与被告签订了《国债期货交易客户协议书》和《国债期货交易风险揭示声明书》。声明书中规定，假如市场趋势不利于原告所持的国债期货合约时，被告可能要求追加保证金，一经通知，请如期照办。如原告无法在规定的要求期限内提供要求的资金，其持仓合约将被对冲，由此而产生的账户赤字原告应负全部责任。同年 2 月 20 日、21 日，原告在被告处分两次卖出代码为 337 的国债期货合约 100 口，每口平均价 137.4 元。2 月 23 日，因国债期货波动幅度较大，原告的初始保证金已低于其维持保证金的水平。被告于当日上午通知原告当日必须缴足追加保证金，而原告没有在当天缴足追加保证金，故被告于次日上午将原告的代码为 337 的国债期货合约 100 口以 139.91 元的价位平仓。原告要求被告补偿亏损的 18 600 元，并承担诉讼费。

　　被告辩称，当日的价格波动幅度较大，原告 337 合约的保证金不足，面临爆仓。在原告没有立即追加保证金的情况下，将其强行平仓。

　　【案例分析】

　　法院认为：原告在被告处开户进行期货交易，双方签有协议书和声明书。因国债期货价格发生不利波动，被告发现原告的初始保证金已低于其维持水平，及时通知原告当日必须缴足追加保证金，原告接到通知后，未能在当天缴足追加保证金。故被告有权将原告 100 口未平仓的国债期货合约于次日上午以市价强行平仓。原告以其国债期货合约被被告擅自平仓，要求被告赔偿 18 600 元的诉讼请求，理由不当，故不予支持。遂判决驳回原告陈某的诉讼请求。

二、财务公司

（一）财务公司简介

　　财务公司又称金融公司，是为企业技术改造、新产品开发及产品销售提供金融服务，以中长期金融业务为主的非银行机构。财务公司经营部分银行业务，其业务范围大多是为购买耐用品提供分期付款形式的贷款和抵押贷款业务。

　　中国的财务公司不是商业银行的附属机构，是隶属于大型集团的非银行金融机构。中国的财务公司都是由企业集团内部集资组建的，其宗旨和任务是为本企业集团内部各企业筹集和融通资金，促进其技术改造和技术进步。财务公司在我国分为两类：一是非金融机构类型的财务公司；二是金融机构类型的财务公司，即企业集团财务公司。

1987 年，我国第一家财务公司——东风汽车工业财务公司经中国人民银行批准成立。作为我国金融与产业相结合的新生事物，财务公司经过几十年的发展，数量规模更加庞大，业务范围更加明确，逐渐成为中国金融体系中一支不可或缺的力量，也为企业集团产业发展和产业结构转型作出了巨大贡献。

（二）财务公司的发展历程

1. 萌芽起步期（1987～1991 年）

这一时期，财务公司数量不断增加，资产总额迅速提升，涉及财务公司业务的法规并未出台，各财务公司开展的业务包括存贷款、结算、票据、担保、融资租赁、投资和外汇业务等。由于监管制度和措施不完善，财务公司出现了严重超范围经营、资本金严重不足的问题。

2. 探索发展期（1992～1995 年）

1991 年 12 月，国务院批转的《关于选择一批大型企业集团进行试点的提示》（国发〔1991〕71 号），正式把设立财务公司作为大型企业集团试点的配套政策，要求试点企业集团逐步建立财务公司。1992 年 11 月，国家出台了《国家试点企业集团建立财务公司的实施办法》，各财务公司开始依据该实施办法申请机构设立和开展业务。

3. 政策调整期（1996～2004 年）

1996 年 9 月，中国人民银行出台了《企业集团财务公司管理暂行办法》（已被修订），第一次对财务公司的机构设立、业务范围、监督管理、市场退出等以专门法规的形式进行了规范，特别是对财务公司对资本市场的参与进行了严格限制。1997 年 9 月，中国人民银行发布了《关于加强企业集团财务公司资金管理等问题的通知》（已被废止），明确财务公司的定位和业务范围。2000 年，中国人民银行颁布了《企业集团财务公司管理办法》，围绕财务公司的功能定位、机构准入、业务准入等问题进行了调整和规范。

4. 规范成长期（2005 年至今）

随着监管部门对财务公司的功能定位、业务范围和监管政策的适当调整，我国财务公司开始逐步调整自身定位：通过为企业集团内部集中管理资金资源，形成规模效益，提高企业运作效率，推进产融结合，机构发展迅速，整体实力不断壮大，发展渐入佳境。

（三）中国财务公司协会

中国财务公司协会（以下简称中财协会）于 1994 年经中国人民银行批准成立，是企业集团财务公司的行业自律性组织，是全国性、非营利性的社会团体法人，在中国境内批准设立的企业集团财务公司均可自愿申请成为中财协会。中财协会的业务主管机关是中国银监会，接受中国银监会的业务指导和民政部的监督管理，社团登记机关是民政部。中财协会的前身是成立于 1988 年 4 月的全国财务公司联合会。

中财协会的宗旨：遵守国家宪法、法律法规和国家政策，遵守社会道德风尚，认真履行"自律、维权、协调、服务"的职责，促进会员单位实现共同利益，推动财务公司行业规范稳健发展。

中财协会的目标：打造成为财务公司行业的行业自律平台、政策协调平台、研究发展平台、宣传交流平台、教育培训平台、业务合作平台。

三、金融租赁公司

（一）金融租赁公司的定义

金融租赁公司是指经中国银监会批准，以经营融资租赁业务为主的非银行金融机构。

（二）设立金融租赁公司应具备的条件

1）有符合《公司法》和中国银监会规定的公司章程。

2）有符合规定条件的发起人。

3）注册资本为一次性实缴货币资本，最低限额为 1 亿元人民币或等值的可自由兑换货币。

4）有符合任职资格条件的董事、高级管理人员，并且从业人员中具有金融或融资租赁工作经历三年以上的人员应当不低于总人数的 50%。

5）建立了有效的公司治理、内部控制和风险管理体系。

6）建立了与业务经营和监管要求相适应的信息科技架构，具有支撑业务经营的必要、安全且合规的信息系统，具备保障业务持续运营的技术与措施。

7）有与业务经营相适应的营业场所、安全防范措施和其他设施。

8）中国银监会规定的其他审慎性条件。

（三）金融租赁公司的业务范围

经中国银监会批准，金融租赁公司可以经营下列部分或全部本外币业务：①融资租赁；②转让和受让融资租赁资产；③固定收益类证券投资；④接受承租人的租赁保证金；⑤吸收非银行股东 3 个月（含）以上定期存款；⑥同业拆借；⑦向金融机构借款；⑧境外借款；⑨租赁物变卖及处理；⑩经济咨询。

四、小额贷款公司

（一）小额贷款公司的定义

小额贷款公司是由自然人、企业法人与其他社会组织投资设立，不吸取公众存款、经营小额贷款业务的有限责任公司或股份有限公司。小额贷款公司股东依法享有资产收益、参与重大决策和选择管理者等权利，以其认缴的出资额或认购的股份为限对公司承担责任。

小额贷款公司应执行国家金融方针和政策，在法律法规规定的范围内开展业务，自主经营、自负盈亏、自我约束、自担风险，其合法的经营活动受法律保护，不受任何单位和个人的干涉。

（二）小额贷款公司的特征

1）贷款利率高于金融机构的贷款利率，但低于民间贷款利率的平均水平。许多省、市规定：小额贷款公司按照市场化原则进行经营，贷款利率上限放开，但不得超过中国人民银行公布的贷款基准利率的 4 倍；下限为贷款基准利率的 0.9 倍；具体浮动幅度按照市场原则自主确定。从试点的小额贷款公司的利率来看，其贷款利率根据不同客户的风险情况、资金状况、贷款期限、抵押品或信用等级实行差别利率，以人民银行基准利率为基础，参照本地区农村信用社利率水平综合确定。

2）在贷款方式上，《关于小额贷款公司试点的指导意见》中规定：有关贷款期限和贷款偿还条款等合同内容，均由借贷双方在公平自愿的原则下依法协商确定。小额贷款公司在贷款方式上多采取信用贷款，也可采取担保贷款、抵押贷款和质押贷款。

3）在贷款对象上，小额贷款公司发放贷款坚持"小额、分散"的原则，鼓励小额贷款公司面向农户和小企业提供信贷服务，着力扩大客户数量和服务覆盖面。

4）在贷款期限上，小额贷款公司的贷款期限由借贷双方公平自愿协商确定。

（三）小额贷款公司的申请条件

小额贷款公司申请成立的条件有以下几点：
1）有符合规定的章程。
2）发起人或出资人应符合规定的条件。

3）小额贷款公司组织形式为有限责任公司或股份有限公司。有限责任公司应由 50 个以下股东出资设立；股份有限公司应由 2～200 名发起人，其中须有半数以上的发起人在中国境内有住所。

4）小额贷款公司的注册资本来源应真实合法，全部为实收资本，由出资人或发起人一次足额缴纳。有限责任公司的注册资本不得低于 500 万元，股份有限公司的注册资本不得低于 1000 万元。单一自然人、企业法人、其他社会组织及其相关联方持有的股份，不得超过小额贷款公司注册资本总额的 10%。

5）有符合任职资格条件的董事和高级管理人员。

6）有具备相应专业知识和从业经验的工作人员。

7）有必需的组织机构和管理制度。

8）有符合要求的营业场所、安全防范措施和与业务有关的其他设施。

9）省政府金融办规定的其他审慎性条件。

五、典当行

（一）典当行的含义

典当行，亦称当铺，是专门发放质押贷款的非正规边缘性金融机构，是以货币借贷为主和商品销售为辅的市场中介组织。因其在世界各主要国家的历史上均曾存在过，故不同民族的语言都用固定的词汇予以表达。

（二）典当行的作用

典当行亦称典当公司或当铺，是主要以财物作为质押进行有偿有期借贷融资的非银行金融机构。典当公司的发展为中小企业提供快捷、便利的融资手段，促进了生产的发展，繁荣了金融行业，同时还在增加财政收入和调节经济等方面发挥了重要的作用。以物换钱是典当的本质特征和运作模式。当户把自己具有一定价值的财产交付典当机构实际占有作为债权担保，从而换取一定数额的资金使用，当期届满，典当公司通常有两条营利渠道：一是当户赎当，收取当金利息和其他费用营利；二是当户死当，处分当物用于弥补损失并营利。

典当行作为一种既有金融性质又有商业性质的、独特的社会经济机构，融资服务功能是显而易见的。融资服务功能是典当公司最主要的，也是首要的社会功能，是典当行的货币交易功能。此外，典当公司还发挥着当物保管功能和商品交易功能，此外典当行还有其他一些功能，诸如提供对当物的鉴定、评估、作价等服务功能。

（三）我国典当业的发展

1949 年，新中国成立前，典当业非常兴盛。全盛时期，仅在北京就有 300 多家典当行。新中国成立后，典当业被视为剥削人民的活动，而且涉及官商勾结而被禁止，典当业完全停顿。

1987 年 12 月，成都市华茂典当服务商行在成都正式挂牌营业，成为新中国成立后中国内地的第一家典当行。1988 年，辽宁、山西、广州、上海等地均陆续出现了典当行，而北京第一家典当行"金宝典当行"于 1992 年年底也开始试营业。现在，随着经济的发展，中国典当行也已经进入连锁经营时代。这表明我们国家的典当行业正处于一个高速发展的时期。

典当行在改革开放后得益于国家政策的支持，取得了长足发展，业务也做得十分宽广。从民品、产权到股权，可以说只要在典当行资金可操作范围内，所有业务基本都可以囊括，并且不受地域限制。

▶ **案 例** ────────────

典当合同纠纷的处理

2016 年 7 月 10 日，原告郴州市某典当有限公司与被告刘某签订了《典当合同》和《房地产抵押合同》。《典当合同》中双方约定，被告以位于郴州市××路×号房屋作抵押，向原告申请当金 40 000 元，当金利率按当金金额的 0.405% 计算，在典当期限届满时一次性支付；月综合服务费为当金的 4.2%；典当期限从 2016 年 7 月 10 日至该年 9 月 9 日。《房地产抵押合同》作为《典当合同》的从合同，确定了作为抵押物品的房屋的情况。《典当合同》签订后，原告依约向被告发放了当金 40 000 元，被告在发放当金的收据上签了字。典当期限届满后，被告未按期赎当，亦未按《典当合同》上的约定续当，原告多方联系被告未果，逐诉至法院。

另查明，被告用于典当抵押的房屋产权登记人的名字是被告的母亲李某；原、被告未到房产部门对作为抵押的房屋进行抵押登记。

【案例分析】

法院院认为，本案中《典当合同》和《房地产抵押合同》的法律效力如何是处理案件的焦点问题。被告刘某提供抵押用的房屋是被告的母亲李某的，而且双方签订《房地产抵押合同》未到房产部门办理抵押登记手续，故《房地产抵押合同》无效；被告以房产作抵押向原告申请当金，虽然房屋抵押无效，但原告依《典当合同》发放了当金，因此被告应当依《典当合同》的约定返还当金及支付相关费用；原告诉请事项中当金利息和综合服务费是依照《典当合同》约定的利率及时间计算的，符合法律规定，本院应予支持。被告刘某经本院合法传唤无正当理由拒不到庭参加诉讼，不影响本院在查明事实的基础上作出判决。依照《中华人民共和国民法通则》（以下简称《民法通则》）第一百零六条、第一百零八条、第一百一十一条、第一百三十四条，《中华人民共和国民事诉讼法》（以下简称《民事诉讼法》）第一百三十条的规定，判决如下：

1）限被告刘某在本判决生效后 10 日内偿还原告郴州市某典当有限公司当金本金 40 000 元。

2）限被告刘某在本判决生效后 10 日内支付原告郴州市某典当有限公司当金利息 2754 元，典当综合服务费 23 520 元。

3）如果被告刘某未在上述规定的期限内履行金钱给付义务，则依照《民事诉讼法》第二百五十三条的规定，加倍支付迟延履行期间的债务利息。

本案受理费 1457 元，诉讼保全费 683 元，合计 2140 元，由被告刘某承担。

如不服本判决，可在判决书送达之日起 15 日内，向本院递交上诉状，并按对方当事人的人数提供副本，上诉于湖南省郴州市中级人民法院。

小　　结

金融机构是经营货币与信用业务、从事各种金融活动的组织机构，通常分为银行类金融机构与非银行金融机构两大类。银行类金融机构可以分为中央银行、商业银行、政策性银行、信用合作机构、银行监管机构等。非银行金融机构包括证券机构、保险机构、信托机构、基金机构和其他金融机构。其中，证券机构主要包括证券公司、证券交易所、证券登记结算机构、证券服务机构、证券业协会、证券监管机构等；保险机构主要包括保险公司、保险代理人、保险经纪人、保险业协会、保险监管机构。本章主要介绍了现代金融机构体系中各种实体存在的形式，以及这些金融机构的特征和发展历程，并通过案例分析的形式说明这些非银行性金融机构在金融领域发挥了不可或缺的作用。

第二章

金融行业职业道德

职业道德，是指从事一定职业的人们在劳动和工作中应遵循的行为规范，是对各种从业人员规定的，起自我约束作用的行为准则。

金融行业职业道德是金融行业从业人员应当遵循的行为规范和行为准则。金融行业职业道德属于社会道德范畴，它不是国家行政强制制定和强制执行的。其主要依靠金融行业从业人员的信念、习惯及行业的文化传统来自觉遵守，当然也靠社会的舆论力量和职业教育来维持。因此，就一定意义来说，职业道德的约束作用比法律、纪律等手段更为经常且强大有效。

第一节 银行业职业道德

一、银行业职业道德概述

银行业职业道德是指在银行职业活动中应遵循的、体现银行职业特征的、调整银行职业关系的职业行为准则和规范，是银行从业人员在进行银行活动、处理银行业务关系时所形成的职业规律、职业观念和职业原则的行为规范总和。银行业职业道德规范包括诚实信用、守法合规、平等竞争、信息保密、风险提示、优质服务、信息披露、授信尽职等。

随着经济全球化的步伐日新月异，我国金融市场改革不断深入，我国金融行业也逐渐进入了国际化、全球化的变革中，加之近年来电子科技行业的高速发展，银行业的改革更加深入和彻底。因此，银行业职业道德的含义主要体现为银行从业人员在银行职业生活中应该遵循的行为规范的总和。银行业职业道德涵盖了银行工作人员与服务对象、员工与员工、职业与职业之间的关系。随着现代社会分工的发展和专业程度的提升、市场竞争的加剧，当今社会对银行从业人员的职业道德、职业态度、职业能力、职业作风的要求越来越高。

二、银行从业人员道德规范

遵守职业道德规范是每个人的必修课，银行从业人员必须明确自己的职业角色，在职业活动中既要为自己负责，也要为工作负责。银行从业人员应该做到以下几个方面。

（一）诚实守信，爱岗敬业

声誉是银行业的生命线，因此银行从业人员应当以高标准的职业道德规范行事，品行正直，恪守诚实守信的原则。银行从业人员要热爱自己所从事的职业，以恭敬、虔诚的态度对待自己的工作岗位，自觉承担起对社会、对他人的责任和义务，以高度的责任感和使命感为社会提供服务。银行从业人员的爱岗敬业，体现在日常工作中为爱银行、爱同事、爱客户。

（二）廉洁自律，不谋私利

银行从业人员在行使职权时要公平公正，约束好自己的行为。银行从业人员每天在工作中与"金钱"打交道，如果没有廉洁自律、不谋私利的品质和良好的职业道德，很可能禁不住"金钱"的诱惑，走上犯罪的道路。

（三）团结协作，顾全大局

银行从业人员之间为了共同利益和共同目标要相互支持、相互帮助，在处理各单位、部门之间的关系时要有全局意识，不能只顾自己的利益，而损害单位甚至是人民和国家的利益。

（四）遵纪守法，实事求是

银行从业人员应该以国家相关法律法规为行为准绳，遵守社会道德规范，遵守所属机构的管理规定和道德操守准则。实事求是，如实反映情况，是银行从业人员职业道德的基本规范。所有账目，数字都必须真实、准确，符合客观实际。

（五）注重效益，客观公正

银行从业人员在日常工作中应充分利用工作时间，提高工作效率，集中精力为客户办理业务，帮助客户解决问题。在为客户提供服务时，不能因客户的国籍、性别、社会地位等的差异歧视客户，应该为客户提供同等水平和质量的服务。

（六）恪尽职守，专业胜任

银行工作是一项专业性、技术性很强的工作，银行从业人员必须在实践中不断学习，不断提高自己的专业知识和技能，认真钻研业务，精通现代科学技术，以适应银行相关工作发展的需要。

案 例

巴林银行倒闭引发的道德思考

巴林银行倒闭事件是一件轰动社会的事件，1995 年 2 月 27 日，英国中央银行宣布，英国商业投资银行——巴林银行因经营失误而倒闭。消息传出，立即在亚洲、欧洲和美洲地区的金融界引起一连串强烈的波动。东京股市英镑对马克（现已停止流通）的汇率跌至当时最低点，伦敦股市也出现暴跌，纽约道·琼斯指数下降了 29 个百分点。

理森是巴林银行新加坡分行负责人，年仅 28 岁，在未经授权的情况下，他以银行的名义认购了价值 70 亿美元的日本股票指数期货，并以买空的做法在日本期货市场买进了价值 200 亿美元的短期利率债券。如果这几笔交易成功，理森将会从中获得巨大的收益，但阪神地震后，日本债券市场一直下跌。据不完全统计，巴林银行因此而损失 10 多亿美元，这一数字已经超过了该行现有的 8.6 亿美元的总价值，因此巴林银行不得不宣布倒闭。

【案例分析】

纵观巴林银行倒闭事件，无疑与从业人员道德缺失、高层管理人员疏忽失职、交易与结算角色混淆、公司内部控制管理体制缺陷等因素有关。如若我们跳出管理的层面来看待理森作为巴林银行首席交易员和后台结算主管的个人行为，管理者责任的缺失、对交易错误的懦弱对待、对相关责任的逃避是致命的道德缺失。

第二节 保险业职业道德

一、保险业职业道德概述

保险业职业道德是指从事保险行业的工作者，在其职业活动中形成并为大家共同遵守的道德原则和规范。保险业职业道德的内涵包括三个层面：第一个层面是保险从业人员在处理职业活动中各种利益冲突时应当遵循的基本理念和规范体系；第二个层面是保险业内部不同领域的特殊道德要求；第三个层面包括为保证保险业职业道德能够有效实现而制定的实施、评价、监督等机制。

二、保险从业人员道德规范

保险从业人员道德规范是保险从业人员在职业活动中应当遵守的行为标准的

总和，它包括爱国守法、诚实守信，敬业爱岗、遵章守纪，专业胜任，公平竞争，人本关怀，团队协作。

（一）爱国守法、诚实守信

热爱祖国，了解中华民族悠久历史，继承优良传统文化，懂得国旗、国徽的内涵，会唱国歌。牢固树立中华民族自尊、自信、自强的精神和祖国利益至上的意识。奉公守法，依法经营。遵守国家法律法规，依法行使权利和履行义务，不参加非法组织和非法活动，敢于同违法行为和邪恶势力作斗争。熟悉市场经济基本法律法规，执行相关监管政策，遵守经济秩序和金融市场秩序。

诚实做人，信守承诺。坚持以诚实守信为基本准则，说老实话，办老实事，做老实人；加强修养，完善人格，求真务实，坚持真理。保险从业人员在开展业务过程中要做到不欺骗、不夸大、不误导，如实介绍产品，切实为客户着想。在工作中，讲信誉，守信用，认真履行合同、契约和社会服务承诺。珍惜合作关系，不任意违约，做到互帮、互让、互惠和互利。

（二）敬业爱岗、遵章守纪

热爱本职工作，勤于钻研业务。了解保险业发展历史和现状，明确公司在行业和社会发展中的责任，树立强烈的事业心和责任感。努力学习相关知识，熟练掌握保险业务和工作技能，做到政治觉悟高、政策水平高、综合素质高、业务能力强。有强烈的市场意识、竞争意识和创新意识，认真履行岗位职责，勇于创新、高标准、高质量地完成各项工作任务。

严守规章，服从大局，保守秘密。严格遵守公司的各项规章制度，认真执行工作标准、岗位规范和工作规程，禁止通过不正当的手段从事职业行为、谋取公司或个人利益。牢固树立大局观念，紧紧围绕上级保险公司总体战略开展工作，做到局部利益服从全局利益。严格遵守保密法规和保密纪律，不泄露国家秘密和公司商业秘密，妥善保管涉密资料，自觉维护国家安全和公司利益。

（三）专业胜任，公平竞争

持证上岗，终身学习。执业前应取得法定资格并具备足够的专业知识与能力。在执业活动中加强业务学习，不断提高业务技能。参加保险监管部门、保险行业自律组织和所属机构组织的考试和继续教育，使自身能够不断适应保险市场对保险从业人员的各方面要求。

尊重对手，公平竞争。尊重竞争对手，不诋毁、贬低或负面评价竞争对手。依靠专业技能和服务质量展开竞争，竞争手段正当、合规、合法，不借助行政力量或其他非正当手段开展业务，不向客户给予或承诺给予保险合同以外的经济利益。加强同业人员之间的交流与合作，实现优势互补、共同进步。

（四）人本关怀，团队协作

客户至上，人企和谐。坚持以人为本、客户至上的价值观念，热情为客户服务，想客户之所想，急客户之所急，对遭受人身、财产损失的客户要在提供专业服务的同时给予人本关怀，时刻让客户体验保险是撒播爱心的事业，体现中国保险的关爱之心。对客户和所属机构应负有保密的义务。与公司共同成长、共同进步，在服务公司事业发展中成长自己，实现个人理想抱负和人生价值，积极为公司改革发展献计献策。

协作配合，团结友善。大力弘扬集体主义精神和团队合作精神，工作中互相协作，不各自为政，不推诿扯皮，不搞内耗，齐心协力做好工作。上下级互相尊重，领导支持下级工作，维护下级民主权利，自觉接受群众监督；下级服从上级管理，对工作勇于承担，能够创造性地完成领导交办的任务，维护公司整体利益和形象。同事之间和睦相处，互相帮助，一切以工作为重，求同存异，不计较个人恩怨得失，做到处事宽容、大度，善于理解和谅解他人，努力营造心情舒畅、温暖和谐的工作氛围。

▶ **案　例**

保险公司原经理伪造保单

2016 年 7 月，许女士经业务员林某介绍，向福州一家保险公司投保两份国寿永泰团体年金保险（分红型），保险期限为一年，保险费为 2 万元。签订合同后，许女士依照约定将保险费交给保险公司经理陈某，陈某向许女士出具盖有公司财务专用章的收款收据，并于同年 8 月交付两张保单。

一年后，许女士发现收到的两张保单是伪造的。此外，中国人寿保险公司并未授权福州的这家保险公司出售国寿永泰团体年金保险（分红型）保险产品。同年 6 月，陈某因合同诈骗罪、伪造国家机关印章罪被法院判处有期徒刑 6 年，法院判决追缴陈某非法所得退还给受害者，其中应退还给许女士 2 万元。由于陈某已将大部分赃款挥霍，许女士无法从陈某处得到应得的赔偿款。于是，许女士向法院提起诉讼，要求保险公司承担赔偿责任。

法院最后判决：解除许女士与保险公司的保险合同，追缴赃款不足部分，由保险公司向许女士承担赔偿责任。

【案例分析】

保险公司负责人陈某以公司名义向许女士推销保险产品，收取保险费，开具有财务专用章的收款收据，应认定许女士与保险公司形成事实上的合同关系。根据我国《民法通则》及最高人民法院《关于在审理经济纠纷案件中涉及经济犯罪嫌疑若干问题的规定》相关规定，企业法人对它的法定代表人和其他工作人员的经营活动承担民事责任；企业直接负责的主管人员和其他直接责任人员，以该企业的名义对外签订经济合同，将取得的财物部分或全部占为己有构成犯罪的，除依法追究行为人的刑事责任外，该企业对行为人因签订、履行该经济合同造成的后果，依法应当承担民事责任。

第三节　证券业职业道德

一、证券业职业道德概述

证券业职业道德是指证券从业人员在从事与证券业务相关的活动时，应遵循的道德准则、规范与行为守则的总和。证券业职业道德不仅包括一般性的职业道德原则和一般性的职业道德规范，同时还有证券业特定的职业道德规范和行为准则。

二、证券从业人员行为规范

证券从业人员的行为准则，是指证券从业人员在从事证券业务的过程中应当遵守的行为标准。这些行为标准最初是在证券业的发展过程中逐步地、自发地形成自律规则，是证券市场的参与者在经过长期的实践后总结出来的标准。后来，随着证券市场和证券管理的发展，逐步由国家颁布法令确立了一些强制性的行为标准。

三、证券从业人员道德规范

证券业是一个高风险、高科技、全新的特殊行业，其从业人员的政治素质、道德修养和业务水平同样显得尤为重要。加强证券从业人员的职业道德建设，能切实有效地防范风险，更好地保护投资者的利益，保证证券市场的规范发展。证券从业人员职业活动中应当遵守的道德规范包括正直诚信、勤勉尽责、廉洁保密、自律守法等四个方面。

（一）正直诚信

正直诚信是指证券从业人员要诚实守信，刚正不阿；要不畏权势，忠于职守，坚决维护公平、公正、公开"三公"原则，坚持秉公办事，严守信用，实事求是，忠实履行所承担的职责和诺言，取信于民。

首先，正直诚信要求证券从业人员立身要正直，做事要讲诚信，绝不可片面追求盈利，害怕失去客户而违反原则，必须牢记"三公"原则，绝对不从事对投资者利益有害的活动。

其次，正直诚信要求证券从业人员在证券发行、证券交易及其他相关的业务活动中所提供、公布的文件和资料必须真实、完整，不得虚假陈述，或欠缺重要事项。

（二）勤勉尽责

勤勉尽责是指证券从业人员要勤奋踏实，努力不懈地做好本职工作。证券从业人员要热爱本职工作，认真负责，勤勤恳恳，踏踏实实，任劳任怨，一丝不苟，对待工作尽责、尽力、尽瘁。

证券业具有资金集中、竞争激烈的特点。决定了证券从业人员在工作中必须勤勉尽责，才能避免在工作中造成失误，才能以优质的服务吸引客户、留住客户，从而赢得市场。勤勉尽责是对证券从业人员的基本道德要求。

首先，勤勉尽责要求证券从业人员热爱证券事业，热爱本职工作，努力钻研，勤奋演练，提高自己的业务水平和工作效率。同时，确立"客户至上"的观念，态度诚恳文明，服务周到热情，沟通真诚有效，合理处理业务中出现的各种矛盾。

其次，我国证券市场发展较晚，管理和服务水平较低，证券人员必须积极思考，创造性地开展工作，锐意进取，使我国证券市场迅速发展。

最后，勤勉尽责要求证券从业人员必须按章办事，尽最大努力维护客户及公司的正当利益，避免粗枝大叶、玩忽职守、越职行事、欺诈客户的行为。

（三）廉洁保密

廉洁作为一种规范要求，是指一个人在非法的收益面前，保持自觉应有的德操。保密即保守秘密，指从业人员要保守在从业过程中接触到的有关客户和证券经营机构的商业机密，也要保守有关国家秘密。廉洁保密是指证券从业人员要自觉遵守法律法规，按规章制度办事，要廉洁奉公，不谋私利，严守秘密，谨言慎行，洁身自好。

廉洁保密，首先要求证券从业人员务必牢记自己的职责，在工作中不贪财，不伸手，不能利用职务与工作之便贪污盗窃、行贿受贿，不得以任何借口向客户索取礼品或回扣，不得与客户发生借贷关系。

其次，证券从业人员从三个层次着手保守秘密：第一，为客户保密，对客户的信息负有保密责任；第二，为公司保密，不得擅自向外提供本公司的重要业务资料与情报；第三，保守因职务或业务便利而知晓的尚未公布的证券市场的秘密。

保守秘密要求证券从业人员不仅要主观上重视，不泄露、不传播、不散发，更要在日常工作中养成防范意识，形成防范习惯，保存好资料和档案，以防被人轻易窃走秘密。

（四）自律守法

首先，自律守法要求证券从业人员遵守国家法律和相关证券业务的各项制度条例，在证券发行、交易、管理等一系列活动中，严格规范自己的行为。

其次，从职业道德角度讲，自律守法要求证券从业人员在法律不完善、无规章可循、有漏洞可钻时，更要自我约束。在诱惑面前克服贪心，驱除杂念，牢记自己的职责，不见钱眼开，不见利忘义。

总之，证券从业人员必须以正直诚信为本，勤勉尽责，廉洁保密，自律守法，维护证券市场的健康发展，不得从事任何虚假陈述、内幕交易、操纵市场、欺诈客户的违法乱纪行为。

小　　结

金融体系就是一个庞大的生命体，金融行业从业人员就是这个庞大生命体中最基本也是最重要的组成部分，金融行业从业人员的行为直接影响着整个金融体系的发展，他们道德责任的强弱关乎着金融体系是否能够可持续地健康运行。从近年来银行、保险、证券等金融领域的各类道德案中可以看到，如今金融行业从业人员的道德责任感堪忧，加强金融行业从业人员的道德建设刻不容缓，与此同时，完善金融体系的相关法律也是加强道德建设和监督的坚强后盾，以此维系金融市场有序稳定发展。

第三章

金融法规

第一节　金融法概述

一、金融法的产生与发展

（一）金融法的产生

任何法律部门都是基于调整一定的社会关系的需要而产生和发展起来的，金融法是基于商品货币的出现和货币信用活动的发展而产生的。

人类社会出现之前，商品交换、货币兑换等金融活动是由社会习惯和契约来调整的，但不具强制性和统一性，国家出现后，将有关习惯和契约合法化，成为现代金融法规的萌芽，存在于诸法合体的统一法典中，在奴隶社会和封建社会的金融活动中，最具重大意义的是统一的货币制度的建立。公元前 221 年，秦始皇统一中国后，制定《秦律·金币律》，在全国范围内统一货币制度，使货币制度法律化。此为最早的货币立法。

（二）金融法的发展

1. 国外的发展

16 世纪，西欧开始进入资本主义时期，1553 年在东西方商业贸易中心的意大利城市威尼斯出现了第一家银行——威尼斯银行。

1694 年，在率先进入资本原始积累、进入资本主义的英国，经国王颁布特许令，在伦敦组建了世界上第一家股份制银行——英格兰银行。

1844 年，英国国会通过了由政府首相皮尔提出的《英格兰银行条例》，即皮尔条例，此为世界上第一部银行法，亦第一部专门性的金融法律规范。后来逐渐制定了其他金融法律法规，形成金融立法体系。

2. 我国的发展

我国金融立法的发展，大体上可以划分为以下四个阶段：

1）十一届三中全会～1983年年底，金融立法的初创时期。

2）1984～1992年，我国金融立法全面发展时期。1984年，中国人民银行专门行使中央银行职能。

3）1992～1995年，我国金融立法的升级时期。1995年，全国人民代表大会常务委员会制定了《中国人民银行法》、《商业银行法》、《保险法》、《中华人民共和国票据法》（以下简称《票据法》）、《中华人民共和国担保法》（以下简称《担保法》）等。

4）自1996年至今，我国金融立法充实和完善时期，如1999年的《合同法》（已被修订）、1998年的《证券法》（已被修订）、2001年的《信托法》。

二、金融法的概念及调整对象

（一）金融法的概念

金融法是调整金融关系的法律规范的总称。具体来说，金融法是调整货币资金的流通、融通和信用关系的法律规范的总称。

从法理学的角度看，金融法有狭义和广义之分。狭义的金融法是指国家的权力机关依照法定权限和程序制定或认可的，并以国家强制力保证其实施的有关金融方面的规范性文件，也就是金融法律。广义的金融法不仅是指金融法律，还包括国家行政机关依法制定的有关金融方面的规范性文件，即金融行政法规和金融行政规章；国家司法机关依法制定的金融方面的规范性文件，即金融司法解释；地方国家机关依法制定的有关金融方面的规范性文件，即金融地方法规。

从所调整的金融关系的范围来看，金融法也有狭义和广义之分。由于金融活动主要是通过银行的各种业务来实现的，银行法是金融法的基本法，处于中心地位，因此狭义的金融法是指银行法。广义的金融法除包括银行法外，还包括货币法、证券法、票据法、信托法和保险法等。

金融关系是指在金融活动中形成的、受金融法律规范调整的权利义务关系。

金融关系由主体、内容和客体三部分组成。

金融关系的主体主要有中央银行与金融监督管理机构，商业银行与政策性银行，非银行金融机构，企业、事业单位、社会团体及自然人。

金融法律关系的客体主要包括货币、金银、有价证券和行为（包括金融调控、金融监管和金融服务行为等）。

（二）金融法的调整对象

金融法的调整对象是指金融活动中各种主体之间产生的社会关系，即金融关系。这里的金融关系不包括资金的财政分配关系，财政分配关系由财税法调整。

现代市场经济条件下，金融活动是资金供求双方在金融市场上，以信用为条件进行的。由于金融有"间接金融"和"直接金融"之分，因此金融关系也就表现为间接金融关系、直接金融关系以及与此两类关系相关联的金融中介服务关系。同时，现代市场经济又是国家适度干预（或调控）的市场经济，因此，国家在调控和监管金融事业中所形成的金融调控监管关系，也应是金融法的调整对象。又由于资金融通须以货币的发行和流通为先导和基础，因此货币的发行和流通及其管理中所形成的社会关系也应是金融法调整对象的有机组成部分。总而言之，作为金融法调整对象的金融关系是指在货币流通和资金信用融通活动中各主体之间发生的社会关系。

具体说，金融关系应指五种社会关系，即金融领域内相关主体之间的间接金融关系，直接金融关系，金融中介服务关系，国家金融主管机关与各类金融机构、非金融机构和自然人之间的金融调控关系和金融监管关系。前三类关系均发生在平等主体间金融市场上的交易活动中，故又合称金融交易关系。后两类关系发生在国家金融主管机关对金融市场各方主体的金融交易活动进行调节控制和监督管理活动中，故称金融调控监管关系。

1. 间接金融关系

间接金融关系以金融机构为主导，以货币市场为基础，主要表现为商业银行等金融机构对非金融机构的法人、自然人和其他社会组织吸收存款发放贷款关系，包括以下几个方面：

1）金融机构与非金融机构、自然人之间因存款、储蓄行为而产生的存款关系和储蓄关系。

2）金融机构与非金融机构及自然人之间因信用贷款、担保（包括保证、抵押、质押）贷款及贴现贷款所产生的资金借贷关系。

3）金融机构之间因同业拆借、票据转贴现、汇兑结算、证券买卖、外汇买卖等活动而产生的同业资金往来关系。

这类关系就其发生领域而言，又可称为货币金融关系；就其法律性质而言，应是各方当事人之间的债权债务关系。因此，需要以商业银行法、存款法、储蓄法、信贷法、担保法、拆借法等法律规范调整。

2. 直接金融关系

直接金融关系以资本市场为基础，主要表现为筹资人的公司和国家与投资人的公司、企业、基金等社会组织和自然人之间的证券发行、交易关系以及产权交易关系等。

1）证券发行关系。这里主要是指证券发行（一级市场）市场上，证券发行人与投资者因债券、股票、投资基金券等资本证券发行而形成的买卖关系、投资收益关系。

2）证券交易关系。这里主要是指在证券交易（二级市场）市场上，证券持有人与投资者因买卖股票、债券等形成的证券交易买卖关系及衍生的上市公司股票收购关系。

3）产权交易关系。这里是指在产权交易市场上，即非证券化的资本市场上，筹资人投资者发生的投资入股、股份转让、收购兼并等关系。

这类关系就其发生领域而言，又可称为资本市场金融关系；就其法律性质而言，应是各方当事人之间的投资收益关系。这就需要制定专门的证券发行法、证券交易法、上市公司收购法、企业并购法、社会投资法及产权交易法加以调整。

3. 金融中介服务关系

金融中介服务是指银行、证券公司等金融机构在金融市场（包括货币市场和资本市场）上，为投融资双方实现融资提供的收付结算、承销经纪、咨询代理等辅助性服务工作。在这些活动中，金融机构不是资金融通的直接当事人，仅为投融资双方提供辅助性服务、收取中介服务费。因此，这类关系称为中介服务关系，主要包括以下几个方面：

1）货币市场的中介服务关系，主要有资金的结算、清算、咨询代理、信托委托、融资租赁、担保、见证等关系。这里主要是根据银行为社会提供的中间业务的范围大小、种类多少而确定。

2）资本市场的中介服务关系，包括证券发行服务关系、证券交易服务关系及产权交易服务关系。主要有证券承销与经纪、证券登记、托管与清算、证券投资咨询及财务审计、资产评估与法律鉴证等服务关系。这里的服务关系主要发生于证券商及中介机构与投融资双方之间。

金融中介服务关系需要制定结算法、信托法、租赁法、证券机构与证券业务法、经济鉴证服务法等法律加以调整和规范。

4. 金融调控关系

金融调控是国家对经济实施宏观调控的基本手段，是现代市场经济条件下金融的基本职能之一。金融调控关系是指国家及其授权的金融主管机关以稳定币值、促进经济增长为目的，对有关金融变量实施调节和控制的关系。金融调控以中央银行制定和实施的货币政策为主导，通过调整货币供应量指标、市场利率水平，间接调控金融市场。当然，在某些特定时期，也会动用直接控制手段施以管制。因而金融调控关系既有金融市场交易中的平等性质，又有金融监管中的不平等性质。

以上金融调控关系需要制定中央银行法、货币改革法等加以调整。

5. 金融监管关系

金融监管关系是国家及其授权的金融监管机关对金融机构、金融业务及金融市场实施监管而产生的关系，包括以下几个方面：

1）对金融机构的主体资格监管关系。主要是指国家金融主管机关对银行与非银行金融机构的设立、变更、接管与终止进行全程审批所形成的关系。

2）对金融机构的业务行为监管关系。主要是指国家金融主管机关对各类金融机构的业务活动制定基本规则并监督实施中形成的关系。包括存款贷款监管、支付结算监管、信托、委托监管、保险监管、证券发行、证券交易及服务监管等关系。

3）对金融市场的监管关系。主要是指监管机关对货币市场、资本市场、保险市场、黄金市场和外汇市场的设立、变更、终止及其业务品种的监管形成的关系。同时，还应包括金融监管机关对擅自设立金融机构、擅自发行证券，非法从事存款、贷款、保险、典当、租赁业务等非法金融活动进行查处中形成的关系。

金融监管关系需要制定金融监管法加以调整。

三、金融法的特点与功能

（一）金融法的特点

金融法具有以下特点：

1）金融法具有实体法和程序法相统一的特点。

2）金融法具有融合公法和私法，以社会为本位的社会法的特点。

3）金融法具有强行性、准则性的特点，其法律规范多为义务性、禁止性规范。

4）金融法具有调整范围越来越广、法律内容日益增多的特点。

（二）金融法的功能

金融法的功能如下：

1）确认金融机构的法律地位，建立、健全金融机构组织体系。

2）培育和完善金融市场体系，规范金融市场行为，协调、确保金融市场各参与者的合法权益，提高资金运营效益，实现资金融通的个体效益目标和社会整体效益目标的统一。

3）确定金融宏观调控目标，规范金融调控、管理、监督行为，完善金融宏观调控、监管体系。

第二节　我国金融法

一、我国金融法的体系

金融法的体系是指一国调整不同领域的金融关系的法律规范所组成的有机统一体。我国金融法由以下几个部分构成：

1）银行法，是指调整银行的组织和活动的法律规范的总称。

2）证券法，是指调整证券发行、交易过程中发生的经济关系的法律规范的总称。

3）票据法，是指调整票据关系，规定票据规则，规范票据行为的法律规范的总称。

4）保险法，是指调整保险关系的法律规范的总称。

5）信托法，是指调整信托关系的法律规范的总称。

6）外汇管理法，是指调整外汇收支、管理监督关系的法律规范的总称。

二、我国金融法的地位

（一）金融法地位的含义

金融法的地位，是指金融法在整个法律体系中的位置，即金融法在法律体系中是否属于一个独立的法律部门，以及属于哪一层次的法律部门。

在我国，宪法是国家的根本大法，属于第一层次的法律部门；根据宪法制定的民法、行政法、经济法、刑法等基本法属于第二层次的法律部门；根据基本法制定的规范性文件属于第三层次的法律部门，金融法是经济法的重要组成部分，属于第三层次的法律部门，在我国整个法律体系中有着不可或缺的重要地位和作用。如前所述，金融法调整的是资金融通关系，而这种直接融资关系、间接融资关系、金融服务关系及金融监管关系，是传统民法、商法和行政法所不能调整的，因此，金融法有自己特有的调整对象，而根据法理学的常识，区分一门法律是否是一个独立的法律部门就是要看其是否有自己的调整对象。综上，金融法是一个独立的法律部门。

（二）金融法与其他法律部门的关系

1. 金融法与民法的关系

民法是调整平等主体之间财产关系和人身关系的基本法。金融法调整的平等主体间的金融交易关系应适用民法的基本原则，但金融交易的具体关系和金融调控以及金融监管关系则是民法不予调整的。

2. 金融法与商法的关系

商法是调整商事主体从事商事活动引起商品经济关系的法律规范的总称。金融法调整的金融关系的性质，其中既有民事关系，也有商事关系，还有经济调控管理关系。商法中关于商业信用的票据、公司融资的股票、债券等法律规范与金融法竞合，但金融法调整的金融关系中的民事关系、经济调控管理关系则显然是商法所不能调整的。

3. 金融法与行政法的关系

行政法是调整国家行政管理关系的法律规范的总称。金融法中的调控关系应有行政关系的性质，因此应适用行政法的基本原则和基本规则。但行政法显然不能调整金融交易关系。

4. 金融法与经济法的关系

经济法是调整平等经济主体的经济协作关系和不平等主体的经济调控管理关系的法律规范的总称。如前所述，金融法调控的社会关系，既有金融交易关系，又有金融调控管理关系，且是两者纵横协调关系的总和。因此，金融法属于经济法的范畴，是经济法的一个重要分支，应适用经济法的基本原则和基本制度。

第三节　中国人民银行法

一、中国人民银行法概述

（一）中国人民银行法的制定

1. 立法目的

《中国人民银行法》第一条规定："为了确立中国人民银行的地位，明确其职责，保证国家货币政策的正确制定和执行，建立和完善中央银行宏观调控体系，维护金融稳定，制定本法。"

2. 立法时间

1995 年 3 月 18 日，第八届全国人民代表大会第三次会议通过，根据 2003 年 12 月 27 日第十届全国人民代表大会常务委员会第六次会议《关于修改〈中华人民共和国中国人民银行法）的决定》修正。

（二）中国人民银行的法律地位和职责

1. 中国人民银行的法律地位

《中国人民银行法》第二条规定："中国人民银行是中华人民共和国的中央银行。中国人民银行在国务院领导下，制定和执行货币政策，防范和化解金融风险，维护金融稳定。"

2. 中国人民银行的职责

根据《中国人民银行法》第四条的规定，中国人民银行的职责主要有以下 13 个方面：

1）发布与履行其职责有关的命令和规章。

2）依法制定和执行货币政策。

3）发行人民币，管理人民币流通。

4）监督管理银行间同业拆借市场和银行间债券市场。

5）实施外汇管理，监督管理银行间外汇市场。

6）监督管理黄金市场。

7）持有、管理、经营国家外汇储备、黄金储备。

8）经理国库。

9）维护支付、清算系统的正常运行。

10）指导、部署金融业反洗钱工作，负责反洗钱的资金监测。

11）负责金融业的统计、调查、分析和预测。

12）作为国家的中央银行，从事有关的国际金融活动。

13）国务院规定的其他职责。

二、中国人民银行的组织机构

（一）中国人民银行行长

中国人民银行设行长一人，副行长若干人。中国人民银行行长的人选，根据国务院总理的提名，由全国人民代表大会决定；全国人民代表大会闭会期间，由全国人民代表大会常务委员会决定，由中华人民共和国主席任免。中国人民银行副行长由国务院总理任免。

中国人民银行实行行长负责制。行长是我国中央银行的最高行政领导人，在国务院的领导下，主持中国人民银行的工作，享有对内管理和执行银行内部事务、对外代表银行的权力。总行副行长协助行长工作。

（二）货币政策委员会

中国人民银行货币政策委员会是中国人民银行制定货币政策的咨询议事机构。根据《中国人民银行法》和国务院颁布的《中国人民银行货币政策委员会条例》，经国务院批准，中国人民银行货币政策委员会于 1997 年 7 月成立。《中国人民银行法》第十二条规定，中国人民银行货币政策委员会应当在国家宏观调控、货币政策制定和调整中，发挥重要作用。

根据《中国人民银行货币政策委员会条例》，货币政策委员会的职责是，在综合分析宏观经济形势的基础上，依据国家宏观调控目标，讨论货币政策的制定和调整、一定时期内的货币政策控制目标、货币政策工具的运用、有关货币政策的重要措施、货币政策与其他宏观经济政策的协调等涉及货币政策等重大事项，并提出建议。

（三）内设机构

中国人民银行的内设机构有办公厅（党委办公室）、 条法司、货币政策司、货币政策二司、金融市场司、金融稳定局、调查统计司、会计财务司、支付结算司、科技司、货币金银局、国库局、国际司（港澳台办公室）、内审司、人事司（党委组织部）、研究局、征信管理局、反洗钱局（保卫局）、党委宣传部（党委群工部）、纪委等。

（四）直属机构

中国人民银行的直属机构有中国反洗钱监测分析中心、中国人民银行征信中心、中国外汇交易中心（全国银行间同业拆借中心）、中国人民银行清算总中心、中国印钞造币总公司、中国金币总公司、中国金融电子化公司、中国金融出版社、金融时报社、中国人民银行研究生部等。

（五）分支机构

中国人民银行于 1998 年年底在分支机构设置上进行了重大改革，撤消了省级分行，按经济区域设立了 9 家跨省、自治区、直辖市的分行，它们是天津分行、沈阳分行、上海分行、南京分行、济南分行、武汉分行、广州分行、成都分行、西安分行。同时，撤消北京分行和重庆分行，在这两个直辖市设立总行营业管理部，履行所在地中央银行职责。在撤消省级分行、设立 9 家分行之后，在不设分行的省会城市设立中心支行，经济特区和国家确定的计划单列市的分行改设为中心支行，原在省辖地区和市设立的二级分行也改设为中心支行，县级支行仍然保留。所以，目前中国人民银行的分行是按照经济区域设置的，而中心支行和支行则是按行政区域设置的。

三、人民币的法律地位、发行和管理

（一）人民币的法律地位

人民币是我国唯一的合法货币。在我国市场上只允许人民币流通，除法律、法规的特殊规定外，在我国境内的一切货币收付、计价、结算、记账、核算等，都必须以人民币为本位。人民币主币和辅币均具有无限清偿能力，任何单位和个人不得拒收。

（二）人民币的发行和管理

人民币的发行是指中国人民银行向流通领域投放现金的行为，即中国人民银行通过发行库把发行基金投入业务库，使一部分货币进入流通领域。

1. 人民币的发行原则

为了合理控制和调节人民币的流通，稳定人民币币值，从而促进国民经济协调发展和社会稳定，我国人民币的发行必须坚持以下三个原则。

（1）集中统一原则

集中统一，是指人民币的发行权属于国家，由国务院依法授权中国人民银行统一发行人民币。除中国人民银行总行外，任何地区、部门、单位和个人均无权决定发行或变相发行人民币，无权动用发行基金向市场上投放货币。

（2）经济发行原则

经济发行，也称信用发行，是与财政发行相对应的，是指根据国民经济发展情况，按照商品流通的实际需要，控制和调节货币发行量。

经济发行是指在经济增长的基础上增加货币投放，是适应和满足生产发展与商品流通对货币的客观需要，是一种正常的、必要的、有物资保证的发行，可以保持币值和物价的稳定，不会引起通货膨胀。

在坚持经济发行的同时，必须防止非经济发行即财政发行。财政发行是指用发行货币的办法来弥补由于财政收支不平衡引起的财政赤字。财政发行不是按照生产发展和商品流通扩大的需要进行的正常发行，因此，投放到流通中的货币购买力没有商品物资作保证，很容易引起物价上涨，甚至是通货膨胀。为了避免财政发行，保证经济发行，《中国人民银行法》第二十九条规定："中国人民银行不得对政府财政透支，不得直接认购、包销国债和其他政府债券。"

（3）计划发行原则

人民币的发行必须按国家货币发行计划进行。根据国民经济发展的需要进行

综合平衡，制订货币发行计划，经法定的审批手续后，严格按计划执行。坚持计划发行原则，有利于控制货币发行量，压缩货币投放，保持币值的稳定，促进国民经济健康发展。

2. 人民币的发行权与发行机关

人民币的发行权属于国务院。人民币的发行计划、发行数额、人民币纸钞和铸币的种类、面额、图案、规格和式样，均由国务院批准决定。

人民币的发行机关是中国人民银行总行。《中国人民银行法》规定，人民币由中国人民银行统一印制、发行，任何单位和个人不得印制、发售代币票券，以代替人民币在市场上流通。这就授予了中国人民银行人民币发行的独占权。

3. 人民币发行程序的法律规定

人民币的发行程序即人民币发行的步骤和方法，属于人民币发行制度的组成部分。根据《中国人民银行法》的规定，人民币的发行程序可以分为以下几个步骤。

（1）提出和审批人民币的发行计划

每年由中国人民银行总行根据国民经济和社会发展计划，编制货币发行和回笼计划，报经国务院审批后，具体组织实施。

货币发行计划是反映中国人民银行全年从发行库向市场投放人民币的总的数量。为了防止人民币发行数量的增长速度超过国民经济增长速度，影响国民经济稳定发展，因此，中国人民银行在编制货币发行计划时，要特别注意货币投放和回笼的平衡。

（2）通过中国人民银行发行库办理发行业务和保管调拨发行基金

中国人民银行设立发行库办理发行业务和保管调拨发行基金。发行基金是中国人民银行为国家保管的待发行的货币，是调节市场货币流通的准备基金。发行基金的调拨凭上级行调拨命令办理。发行基金调拨是组织货币投放的准备工作，是发行库与发行库之间发行基金的转移。发行基金调拨，原则上采取逐级负责的办法，即总行负责分行之间的调拨，分行负责中心支行之间的调拨，中心支行负责支行之间的调拨。

（3）通过行内设置的业务库办理日常现金收付业务

中国人民银行的货币发行主要通过商业银行的现金收付业务活动实现。各银行将中国人民银行发行库的发行基金调入业务库后，再从业务库通过现金出纳支付给各单位和个人，使人民币钞票进入市场。各级行处业务库所保存的现金，必须核定库存限额。如果业务库现金不足，发行库应根据上级发行库的出库命令，将出库限额之内的发行基金拨入业务库，这就是货币投放。业务库超过库存限额时，必须将超过部分及时交回发行库，这就是货币回笼。

（4）损伤人民币票券、铸币的回收和销毁

中国人民银行在组织货币发行时，除了按国务院批准的发行计划通过发行库将发行基金投入业务库，使一部分货币进入流通领域外，还要负责对损伤人民币票券、铸币进行回收和销毁。损伤货币的销毁，是货币发行的最终环节，关系到国家财产的安全和市场流通货币数字的准确。损伤货币销毁的各个环节，都必须采取严密手续，妥善安排人员，明确岗位责任，搞好监督检查，严防发生事故。损伤货币的销毁由总行授权分行负责，集中办理。如分行集中销毁有困难，可在若干中心支行设置销毁点，并报总行备案。

4. 人民币发行库与发行基金管理的法律规定

（1）发行库的管理

发行库是中国人民银行的重要机构，是中国人民银行为国家保管发行基金的金库，依次分为总库、分库、中心支库和支库四级。发行库由中国人民银行根据经济发展和业务需要决定设置。各级发行库主任，均由同级中国人民银行行长兼任。货币发行部门根据主任的授权，负责管理发行库日常业务。总行重点库主任，则由所在分行行长兼任。

发行库实行双人管库、同进同出制度。对办理库务业务（包括临时从事出入库业务）的人员，经发行库行审查，发给出入库标志、证件（临时人员使用后收回），实行严格管理。发行库还需建立检查制度。上级行和发行库行定期、不定期对辖内发行库和本行库进行检查。非管库、库务、查库人员因特殊需要入库，必须由该人员所在单位向发行库行提出申请和提供申请人员政审证明，并由发行库行报上级行批准后方可办理入库手续。进入库房的任何非管库人员都必须遵守库房管理有关规定，佩戴出入库标志，并须办理登记手续，以备查考。

（2）发行基金的管理

人民币发行基金是中国人民银行人民币发行库保存的未进入流通的人民币。因此，发行基金不是流通中的货币，只有在通过业务库投放到市场上以后，才能成为流通中的货币。发行基金的动用和调拨，会直接影响到货币发行的数量和市场上的货币流通量。因而，将发行基金的动用权归属于中国人民银行的总发行库，各地分、支库所保管的发行基金，只是总库库款的一部分。

发行基金的调拨应有计划地进行，其动用与调拨凭上级发行库的调拨命令办理，并在原则上采取逐级负责的办法。任何单位和个人不得违反规定动用人民币发行基金，不得干扰、阻碍人民币发行基金的调拨。发行基金的调拨实行"适当集中，合理摆布，灵活调拨"的方针。

5. 残损人民币管理的法律规定

残损人民币的兑换、收回和销毁是中国人民银行的一项重要工作。《中国人民银行法》第二十一条规定："残缺、污损的人民币，按照中国人民银行的规定兑换，并由中国人民银行负责收回、销毁。"

残损人民币包括污损人民币和残缺人民币两大类。污损人民币是指因自然或人为磨损、侵蚀，造成外观、质地受损，颜色变暗，图案不清晰，防伪功能下降，不宜再继续流通使用的人民币；残缺人民币是指票面撕裂、损缺的人民币。为了保证人民币的流通需要，保护国家财产不受损失，维护公众利益，我国制定了一系列有关残损人民币的兑换、收回与销毁的管理办法。残损人民币的管理是人民币发行管理制度中的一个重要组成部分。

凡办理人民币存取款业务的金融机构应无偿为公众兑换残损人民币，不得拒绝兑换。中国人民银行公布的《中国人民银行残缺污损人民币兑换办法》和《中国人民银行残损人民币销毁管理办法》中分别规定了残缺人民币兑换的具体办法和销毁方式等。做好残损人民币的管理，有利于加强人民币的发行与流通管理，提高流通中货币的整洁度，维护人民币的信誉。

（三）人民币发行与流通的法律保护

为了保护人民币作为我国唯一法定货币的法律地位，保证人民币发行的集中统一原则，建立健全人民币正常而有序的自由流通秩序，促进经济发展，我国颁布并实施了一系列法律、法规，对人民币的发行与流通进行保护。根据《刑法》和《中国人民银行法》，以及其他有关法律、法规中的规定，对我国人民币的法律保护主要体现在以下几个方面。

1. 对反假币的规定

我国法律禁止一切制造、出售、购买、走私、运输、持有、使用假币等行为，并明确规定了各种假币行为的刑事责任、行政责任和经济责任。假币是指伪造、变造的人民币。伪造人民币是指通过机制、拓印、刻印、照相、描绘等手段制作的假人民币。其中电子扫描分色制版印刷的机制假币数量最多，危害性最大。变造币指在真币基础上或以真币为基本材料，通过挖补、剪接、涂改、揭层等办法加工处理，使原币改变数量、形态，实现升值的假货币。《中国人民银行法》第十九条中明确规定："禁止伪造、变造人民币。禁止出售、购买伪造、变造的人民币。禁止运输、持有、使用伪造、变造的人民币。"

2. 禁止各种变相货币的印制、发售和流通

变相货币是指不享有国家法律赋予的货币发行权的单位、个人,违反国家有关规定私自印制签发的,以货币单位标示面值在市场上计价流通的一切凭证。变相货币的发行违反了我国人民币发行集中统一的原则,违反了现金管理制度,破坏了我国的金融管理秩序。

自新中国成立以来,国务院和有关部门就制定了一系列的规定,禁止各种变相货币的发行和流通。《中国人民银行法》第二十条规定:"任何单位和个人不得印制、发售代币票券,以代替人民币在市场上流通。"

3. 禁止非法使用人民币图样

禁止非法使用人民币图样,是保护作为国家货币的人民币的严肃性的重要规定。《人民币管理条例》第二十七条规定,禁止制作、仿制、买卖人民币图样;禁止未经中国人民银行批准,在宣传品、出版物或者其他商品上使用人民币图样。

4. 禁止法定应回收销毁的人民币再入市流通

我国的法律法规中已明确规定停止流通的和残损的人民币,应由中国人民银行负责收回并统一销毁,禁止其再入市流通,并明确规定了违法责任。

5. 禁止故意毁损人民币

法律将爱护人民币规定为每个单位和个人的法定义务,禁止任何损害人民币和妨碍人民币流通的行为。《中国人民银行法》第十九条规定,禁止故意毁损人民币。

四、中国人民银行的货币政策

(一)货币政策的概念与种类

1. 货币政策的概念

货币政策又称金融政策,是中央银行为实现其特定的经济目标,而采用的各种控制和调节货币供应量或信用量的方针和措施的总称。

中央银行的货币政策一般由政策工具、中介目标、政策目标三部分组成。政策工具是指货币当局在调节方向、调节力度和调节重点确定后,可据以实施操作的手段,传统的政策工具有法定存款准备金、再贴现、公开市场业务等。中介目标是指货币当局为实现政策目标运用政策工具所欲达到的直接调节目的,如市场

利率水平或货币存量增长率等。政策目标是指中央银行采取调节货币和信用的措施所要达到的目的，可分为最终目标、中介目标和操作目标三个层次。这三者受中央银行的控制的程度从弱到强，而与宏观经济的相关程度则从强到弱，构成了一个有机的货币政策目标体系。一般来说，中央银行的货币政策目标包括币值稳定、经济增长、充分就业、国际收支平衡和金融稳定五个方面。

2. 货币政策的种类

按实施的时间性划分，货币政策分为长期性货币政策、中期性货币政策、短期性货币政策。

按货币政策的内容和调控措施划分，货币政策分为信贷政策、利率政策、外汇政策。

按在宏观经济中发挥的作用划分，货币政策分为紧缩性货币政策、扩张性货币政策、中性货币政策。

按货币政策的功能划分，货币政策分为防御性功能、主动性功能。

按货币政策的构成要素划分，货币政策分为货币政策目标、实现货币政策的工具、货币政策的传导与监控机制。

（二）货币政策的目标

1. 货币政策目标的构成

货币政策目标一般包括两大部分：一是中介目标；二是终极目标。

（1）货币政策的中介目标

中央银行要实现战略目标须有中间过程，也就是应当由若干个短期目标才能构成一个长远的战略目标，这个短期目标就是货币政策的中介目标。中介目标主要有利率、汇率和货币供应量三个指标，中央银行通过调控利率、汇率和经济中的货币供应量来影响各种生产经营活动。

（2）货币政策的终极目标

货币政策的终极目标是指货币政策最终要达到的目标。

2. 中国人民银行法确定的货币政策目标

《中国人民银行法》第三条规定了我国的货币政策目标，即保持货币币值的稳定，并以此促进经济增长。

（三）货币政策工具

《中国人民银行法》对货币政策工具作了明确的规定，具体包括：要求银行业金融机构按照规定的比例交存存款准备金；确定中央银行基准利率；为在中国人民银行开立账户的银行业金融机构办理再贴现；向商业银行提供贷款；在公开市场上买卖国债、其他政府债券和金融债券及外汇；国务院确定的其他货币政策工具。

1. 存款准备金政策

存款准备金是金融机构为应付户提取存款和资金清偿而准备的货币资金。存款准备金率的提高或降低，可直接影响商业银行的信用规模，进而影响社会经济。

存款准备金政策是指中央银行在法律所赋予的权力范围内，通过规定或调整商业银行缴存中央银行的存款准备金比率，控制商业银行的信用创造能力，间接地控制社会货币供应量的活动。各国银行法都规定，各类金融机构应按一定比率从存款中提取一定的准备金率，因而调整法定存款准备金率就逐渐成为各式各样中央银行控制信用与货币供应量的一项重要工具。

存款准备金政策是中央银行控制信用规模的一个有效工具，其政策效果表现在以下两个方面：

1）可以起到放松或紧缩银根的作用，刺激经济增长，或抑制经济过热。即使中央银行把存款准备金率调整很小的幅度，都会引起货币供应量的巨大波动。下调存款准备金率，就意味着扩大货币供应量，增加社会需求，刺激经济增长；反之，则可起到抑制经济过热的作用。

2）可以限制商业银行创造信用的能力。因为提高准备金比率，实际上就冻结了商业银行的一部分存款和超额准备金。因此，即使法定存款准备金率发生最微小的变化，也会对商业银行的信贷发生强烈的影响。

2. 中央银行基准利率政策

基准利率是指中央银行对金融机构的存、贷款利率，是整个社会利率体系中处于最低水平的利率。基准利率水平的确定和变动，对整个利率体系中各项利率具有引导作用。基准利率中，核心是贷款利率。中央银行存贷款利率（基准利率）的确定一般遵循两个原则：一是贷款利率高于金融机构向社会筹集资金的成本，以利于抑制向中央银行的借款；二是存款利率要高于金融机构吸收存款的平均利率，低于其向中央银行借款平均利率，使金融机构在中央银行的存款利率处于盈利临界点的水平上。中央银行通过提高或降低贷款利率影响商业银行借入中央银行资金成本，以利于达到抑制或刺激对信贷资金的需要，导致信贷总量的收缩或扩张。

3. 再贴现政策

贴现是以未到期票据，向银行融通资金，银行扣除从提款日到票据到期日的利息后，以票据余额付给持票人资金的票据转让。

再贴现是金融机构的合格票据再向中央银行贴现。

再贴现政策是中央银行通过制定再贴现条件或调整再贴现利率来干预和影响市场利率及货币市场的供应和需求，从而调节市场货币供应量的一种金融政策。它包括两个方面的内容：一是再贴现利率的调整；二是规定何种票据具有向中央银行申请再贴现的资格。

中央银行通过调整再贴现率，起到紧缩信用或扩大信用的作用。如果中央银行提高再贴率，就意味着商业银行向中央银行再融资的成本提高了，因此它们必然调高对企业贷款的利率，从而带动整个市场利率上涨，这样借款人就会减少，起到紧缩信用的作用。反之，如果中央银行降低再贴现率，就可以起到扩大信用的作用。

4. 再贷款政策

再贷款是指中央银行对商业银行提供的贷款。我国的再贷款是目前中央银行运用基础货币向商业银行融通资金的主要渠道。再贷款在整个银行贷款中处于总闸门的地位。中央银行通过发放和收回对商业银行的贷款，吞吐基础货币，直接影响金融机构信用资金增加或减少，从而控制信贷总规模。它是目前中央银行最行之有效的间接调控手段。再贷款的发放与回收主要应根据对贷款和货币供应总量控制的需要来确定，这就决定了再贷款不能按贷款性质来划分种类。我国目前再贷款按期限分为 20 天、3 个月、6 个月和一年期共四类。中央银行一般根据调控的需要向商业银行发放再贷款。

5. 公开市场业务政策

公开市场业务是指中央银行在金融市场（债券市场）上公开买卖有价证券（主要是国债、其他政府债券和金融债券及外汇）和银行承兑票据等，从而起到调节信用与货币供给作用的一种业务活动。

公开市场业务可分为进攻型和防御型两种。进攻型的公开市场业务一般是当中央银行为维持金融环境的稳定而预先控制商业银行超额准备金和市场利率，积极地在公开市场上买入和卖出有价证券。防御型的公开市场业务是中央银行为消除或缓和季节性或偶然性因素对商业银行准备金和市场利率的不利影响，而消极地在公开市场上买入或卖出有价证券。

公开市场业务的主要对象是商业银行和社会公众。

公开市场的工具主要是国债、其他政府债券、金融债券和外汇。在我国，中央银行的公开市场业务，是指中国人民银行在公开市场上买卖国债和其他政府债券及外汇。也就是说，中国人民银行不得在公开市场上买卖股票、企业债券等有价证券。另外，根据《中国人民银行法》的规定，中国人民银行不得对政府财政透支，不得直接认购、包销国债和其他政府债券。随着市场经济的发展，公开市场业务将成为我国最重要、最经常的货币政策工具。

公开市场操作中的买卖证券活动，近来大都以回购协议方式进行。"回购"，是指卖者（证券商）向中央银行卖出证券后，承诺在未来的预定时间按固定价格买回这些证券。一般情况下，中央银行利用公开市场业务要达到两个目的：一是"积极性的"调节目的，即通过公开买卖证券来影响货币存量和市场利率；二是"防护性的"中和目的，即利用证券买卖来稳定商业银行的准备金数量，抵消市场自发波动因素的干扰，进而达到稳定货币供给或市场利率的目的。

通过公开市场业务，中央银行可以起到收缩或扩张信用的作用。中央银行在公开市场上出售债券，收回货币，就可以收缩银根；反之，如果中央银行认为有放松银根的必要时，则在公开市场上购入证券，向市场投放货币。中央银行在出售证券时，购买者无论是金融机构还是企业厂商或居民个人，经过票据交换清算后，必然导致银行体系储备的减少，从而收缩信贷和货币供应；反之，中央银行在购入证券后，也必然会导致银行体系储备的增加，进而扩张信用。

一般认为，公开市场业务是货币政策工具中最重要、最常使用的手段。这是因为，作为货币政策最主要的工具，公开市场业务有几个明显的、其他政策工具难以比拟的优点：

1）公开市场业务是按照中央银行的主观意愿进行的，它不像商业银行用贴现或再贴现方式获取贷款那样，中央银行只能用贷款条件或变动借款成本的间接方式鼓励或限制，而无法明确地控制其数量。

2）中央银行通过买卖政府债券把商业银行的准备金有效地控制在自己期望的规模内。

3）公开市场业务的规模可大可小，交易方法及步骤也可随意安排，这更保证了公开市场调节的精确性。

4）公开市场业务不像法定准备金率及贴现率手段那样，具有很大的行为惯性，在中央银行根据市场情况认为有必要改变调节方向时，业务逆转极易进行。

5）中央银行可以根据货币政策目标每天在公开市场上买卖证券，对货币供应量进行微调，不像调整存款准备金率与再贴现率那样对货币市场产生很大的冲击力。

6）调整存款准备金率与再贴现率实际上是给市场一个货币政策已发生变化的信号，会使人们采取预防措施。

6. 其他货币政策工具政策

除上述货币政策工具外，中国人民银行还可根据货币政策的需要，依法运用优惠利率政策、专项信贷政策、贷款限额政策、利率管理政策和窗口指导、道义劝告等货币政策工具，以实现稳定币值、促进经济发展的货币政策目标。

五、中国人民银行的其他业务

（一）中国人民银行的其他业务范围

依据中国人民银行法的规定，除执行货币政策外，中国人民银行的业务还有以下几个：

1）中国人民银行依照法律、行政法规的规定经理国库。

2）中国人民银行可以代理国务院财政部门向各金融机构组织发行、兑付国债和其他政府债券。

3）中国人民银行可以根据需要，为银行业金融机构开立账户，但不得对银行业金融机构的账户透支。

4）中国人民银行应当组织或者协助组织银行业金融机构相互之间的清算系统，协调银行业金融机构相互之间的清算事项，提供清算服务。具体办法由中国人民银行制定。

5）中国人民银行会同国务院银行业监督管理机构制定支付结算规则。

6）中国人民银行根据执行货币政策的需要，可以决定对商业银行贷款的数额、期限、利率和方式，但贷款的期限不得超过一年。

（二）中国人民银行的禁止性业务

依据《中国人民银行法》的规定，中国人民银行不得开展以下业务：

1）中国人民银行不得对政府财政透支，不得直接认购、包销国债和其他政府债券。

2）中国人民银行不得向地方政府、各级政府部门提供贷款，不得向非银行金融机构以及其他单位和个人提供贷款，但国务院决定中国人民银行可以向特定的非银行金融机构提供贷款的除外。

3）中国人民银行不得向任何单位和个人提供担保。

六、金融监督管理

（一）中国人民银行金融监管的主要内容

《中国人民银行法》第三十一条规定："中国人民银行依法监测金融市场的运行情况，对金融市场实施宏观调控，促进其协调发展。"对银行类金融机构的监管主要由中国银监会进行。中国人民银行监管的范围有严格的限制。

《中国人民银行法》第三十二条规定，中国人民银行对金融机构、其他单位和个人的下列九种行为有权进行检查监督：①执行有关存款准备金管理规定的行为；②与中国人民银行特种贷款有关的行为；③执行有关人民币管理规定的行为；④执行有关银行间同业拆借市场、银行间债券市场管理规定的行为；⑤执行有关外汇管理规定的行为；⑥执行有关黄金管理规定的行为；⑦代理中国人民银行经理国库的行为；⑧执行有关清算管理规定的行为；⑨执行有关反洗钱规定的行为。

（二）中国人民银行的其他监管权

1. 中国人民银行的建议检查权

《中国人民银行法》第三十三条规定："中国人民银行根据执行货币政策和维护金融稳定的需要，可以建议国务院银行业监督管理机构对银行业金融机构进行检查监督。国务院银行业监督管理机构应当自收到建议之日起三十日内予以回复。"在一般情况下，为了减轻银行业金融机构的负担，中国人民银行如需要了解银行业金融机构的情况或有正当理由怀疑银行业金融机构有违法、违规行为，有权建议国务院银行业监督管理机构对银行业金融机构进行检查监督。这是避免重复检查、提高效率的一种制度性安排，也需要以双方间的有效合作机制为基础。

2. 中国人民银行在特定情况下的全面检查监督权

《中国人民银行法》第三十四条规定："当银行业金融机构出现支付困难，可能引发金融风险时，为了维护金融稳定，中国人民银行经国务院批准，有权对银行业金融机构进行检查监督。"此项检查监督权的行使不受第三十二条所规定范围的限制。

3. 信息获取权

根据《中国人民银行法》第四条第（十一）项关于中国人民银行负有对金融行业的统计、调查、分析和预测的职责的规定，并根据金融监管体制的变化和金融统计的发展需要，在第三十五条规定："中国人民银行根据履行职责的需要，有权要求银行业金融机构报送必要的资产负债表、利润表以及其他财务会计、统计报表和资料。"凡在中华人民共和国境内设立的商业银行、城市信用合作社、农村信用合作社、政策性银行以及信托投资公司、企业集团财务公司、金融租赁公司、邮政储汇局、金融资产管理公司以及经国务院银行业监督管理机构批准设立的其他金融机构，均应按照规定向中国人民银行报送相关报表和资料。

七、《中国人民银行法》其他内容

（一）财务会计

1）中国人民银行实行独立的财务预算管理制度。中国人民银行的预算经国务院财政部门审核后，纳入中央预算，接受国务院财政部门的预算执行监督。

2）中国人民银行每一会计年度的收入减除该年度支出，并按照国务院财政部门核定的比例提取总准备金后的净利润，全部上缴中央财政。中国人民银行的亏损由中央财政拨款弥补。

3）中国人民银行的财务收支和会计事务，应当执行法律、行政法规和国家统一的财务、会计制度，接受国务院审计机关和财政部门依法分别进行的审计和监督。

4）中国人民银行应当于每一会计年度结束后的三个月内，编制资产负债表、损益表和相关的财务会计报表，并编制年度报告，按照国家有关规定予以公布。中国人民银行的会计年度自公历 1 月 1 日起至 12 月 31 日止。

（二）法律责任

1）伪造、变造人民币，出售伪造、变造的人民币，或者明知是伪造、变造的人民币而运输，构成犯罪的，依法追究刑事责任；尚不构成犯罪的，由公安机关处 15 日以下拘留、1 万元以下罚款。

2）购买伪造、变造的人民币或者明知是伪造、变造的人民币而持有、使用，构成犯罪的，依法追究刑事责任；尚不构成犯罪的，由公安机关处 15 日以下拘留、1 万元以下罚款。

3）在宣传品、出版物或者其他商品上非法使用人民币图样的，中国人民银行应当责令改正，并销毁非法使用的人民币图样，没收违法所得，并处 5 万元以下罚款。

4）印制、发售代币票券，以代替人民币在市场上流通的，中国人民银行应当责令停止违法行为，并处 20 万元以下罚款。

5）《中国人民银行法》第三十二条所列行为违反有关规定，有关法律、行政法规有处罚规定的，依照其规定给予处罚；有关法律、行政法规未作处罚规定的，由中国人民银行区别不同情形给予警告，没收违法所得，违法所得 50 万元以上的，并处违法所得 1 倍以上 5 倍以下罚款；没有违法所得或者违法所得不足 50 万元的，处 50 万元以上 200 万元以下罚款；对负有直接责任的董事、高级管理人员和其他直接责任人员给予警告，处 5 万元以上 50 万元以下罚款；构成犯罪的，依法追究刑事责任。

6）当事人对行政处罚不服的，可以依照《中华人民共和国行政诉讼法》的规定提起行政诉讼。

7）《中国人民银行法》第四十八条规定："中国人民银行有下列行为之一的，对负有直接责任的主管人员和其他直接责任人员，依法给予行政处分；构成犯罪的，依法追究刑事责任：

① 违反本法第三十条第一款的规定提供贷款的；

② 对单位和个人提供担保的；

③ 擅自动用发行基金的。

有前款所列行为之一，造成损失的，负有直接责任的主管人员和其他直接责任人员应当承担部分或者全部赔偿责任。"

8）地方政府、各级政府部门、社会团体和个人强令中国人民银行及其工作人员违反《中国人民银行法》第三十条的规定提供贷款或者担保的，对负有直接责任的主管人员和其他直接责任人员，依法给予行政处分；构成犯罪的，依法追究刑事责任；造成损失的，应当承担部分或者全部赔偿责任。

9）中国人民银行的工作人员泄露国家秘密或者所知悉的商业秘密，构成犯罪的，依法追究刑事责任；尚不构成犯罪的，依法给予行政处分。

10）中国人民银行的工作人员贪污受贿、徇私舞弊、滥用职权、玩忽职守，构成犯罪的，依法追究刑事责任；尚不构成犯罪的，依法给予行政处分。

（三）适用范围

《中国人民银行法》所称银行业金融机构，是指在中华人民共和国境内设立的商业银行、城市信用合作社、农村信用合作社等吸收公众存款的金融机构以及政策性银行。在中华人民共和国境内设立的金融资产管理公司、信托投资公司、财务公司、金融租赁公司以及经国务院银行业监督管理机构批准设立的其他金融机构，适用《中国人民银行法》对银行业金融机构的规定。

第四节　商业银行法

一、商业银行法概述

商业银行法是调整商业银行的组织及其业务经营的法律规范的总称。广义上，商业银行法是指一切关于商业银行的组织及其业务经营的法律、法规、行政规章的总称，除《商业银行法》外，还包括其他法律、法规、规章中关于商业银行的组织及其业务经营的规定，如《中国人民银行法》《银行业监督管理法》《储蓄管理条例》《中华人民共和国外汇管理条例》等。

狭义上，商业银行法仅指冠以"商业银行法"名称的专门性法律，在我国指1995 年 5 月 10 日第八届全国人民代表大会常务委员会第十三次会议通过，自同年 7 月 1 日起实行的《中华人民共和国商业银行法》，中间经过一次修正，又于2015 年 8 月 29 日第十二届全国人民代表大会常务委员会第十六次会议对该法进行了修改。

我国商业银行法的调整对象是商业银行在设立、变更、终止及其业务经营活动和监督管理过程中发生的社会关系。《商业银行法》规定，城市信用合作社、农村信用合作社办理存款、贷款和结算业务，以及邮政企业办理邮政储蓄业务、汇款业务，都属于商业银行业务性质，也应该适用《商业银行法》的有关规定。

根据我国有关法律规定，我国金融行业实行"分业经营，分业管理"的经营管理体制，《商业银行法》只调整我国银行业，对于证券业、信托业、保险业等非银行金融机构，国家分别制定《证券法》《信托法》《保险法》予以调整。对于政策性银行，由于其具有政策性、非营利性等特点，一般不列入《商业银行法》的调整范围，而是以单行法规进行调整和规范。

二、商业银行的组织机构

商业银行的设立应当经过中国银监会的审查批准，并取得经营金融业务的金融许可证。我国《商业银行法》第十一条规定："设立商业银行，应当经国务院银行业监督管理机构审查批准。未经国务院银行业监督管理机构批准，任何单位和个人不得从事吸收公众存款等商业银行业务，任何单位不得在名称中使用'银行'字样。"

商业银行的设立，要经过与组建商业银行有关的一系列法律行为。我国《商业银行法》第十二条具体规定了设立商业银行应当具备的条件。商业银行的分支机构是商业银行的组成部分，分支机构不具备法人资格。根据我国《商业银行法》第二十二条规定："商业银行对其分支机构实行全行统一核算，统一调度资金，分级管理的财务制度；商业银行分支机构不具有法人资格，在总行授权范围内依法开展业务，其民事责任由总行承担。"

三、商业银行与银行客户之间的法律关系

银行客户是指在银行开立账户办理存款、贷款或结算业务的单位或个人。根据所进行的业务内容不同，可将银行客户分为存款人、借款人、寄托人和委托人。

从表面来看，商业银行与客户间的关系是资金融通关系，但本质上是债权债务关系，属于民事法律关系的范畴。由此，我国《商业银行法》确定了银行与客户间债权债务关系的民事法律关系性质，银行与客户的法律地位是平等的。商业银行是依照《公司法》设立的公司法人，它是经营金融业务的特殊的公司。除根

据《商业银行法》规定可以经营金融业务外，商业银行同其他公司一样都是企业法人，在法律地位上同任何一个客户一样，都是平等的法律主体，平等地享有民事权利，承担民事义务。

四、商业银行存款法律制度

存款是机关、团体、企业、事业单位或个人根据可以收回的原则，把货币资金存入银行或其他信用机构并获取存款利息的一种信用活动形式。存款业务是商业银行筹集信贷资金最主要、最基本的形式，是商业银行最重要的负债业务，占总负债业务的 70%～80%。

1）银行存款业务的基本原则。存款业务在商业银行各项业务中非常重要，而且涉及社会生活的很多方面，对我国金融行业和市场经济都有重要影响，因此我国法律、法规对存款业务作了详尽和严格的规定。商业银行在办理存款业务时应该严格遵守这些存款业务特许经营原则、存款利率法定与公告原则、财政性存款专营原则、合法正当吸存原则。

2）保护存款人的合法权益。《商业银行法》第六条明确规定："商业银行应当保障存款人的合法权益不受任何单位和个人的侵犯。"这一原则要求具体体现在我国《商业银行法》第三章"对存款人的保护"中。

3）机构存款的法律规则。机构存款，即单位存款，是指企事业单位、国家机关和社会团体将暂时闲置的货币资金存入银行的法律行为。我国法律法规对机构存款有若干具体规定：其一，财政性存款。财政性存款由中国人民银行专营，各受托银行应及时全额划转中国人民银行，不得截留、分用。其二，强制存入。各单位的现金，除核定的库存限额外，必须存入银行。强制单位现金必须存入银行，这是我国金融法规的一贯规定，其目的就是加强对单位现金的管理和监督。其三，限制支出。单位定期存款不得办理提前支取手续，除银行转账结算起点以下，且可以受用支取现金的方式外，必须通过银行办理转账结算方式。其四，监督使用，支取存款，必须在有关凭证上注明用途，违法不予支付。

4）商业银行存款利率。商业银行应当按照中国人民银行规定的存款利率的上下限，确定存款利率，不得超过权限和以任何形式变相越权浮动利率。我国对存款利率的管理制度主要包括以下内容：一是中国人民银行是国家管理利率的唯一机关；二是各类金融机构和各级人民银行都必须严格遵守和执行国家利率政策及有关规定；三是对擅自提高或者降低存款利率或以变相形式提高、降低存款利率的金融机构，中国人民银行将予以处罚；四是依法设立的储蓄机构及其他金融机构，应当接受中国人民银行对利率的管理与监督，有义务如实按中国人民银行的要求提供文件、账簿、统计资料和有关情况，不得隐匿、拒绝或提供虚假情况。

五、商业银行贷款法律制度

贷款是指金融机构依法把货币资金按一定的利率贷放给客户，并约定期限由客户偿还本息的一种信用活动。贷款是商业银行的资产业务，也是商业银行业务的核心。商业银行利润的主要来源是贷款利息收入。贷款可分为人民币贷款和外币贷款。

根据中国人民银行《贷款通则》规定的贷款种类的划分规则，贷款可分为短期贷款、中期贷款、长期贷款；信用贷款、担保贷款和票据贴现；自营贷款、委托贷款和特定贷款等。

1）商业银行从事贷款业务应遵循的原则。为规范金融机构的贷款业务，建立健全贷款管理秩序，维护借贷双方合法权益，《贷款通则》规定了金融机构经营贷款业务，应当遵守的六项原则，即合法原则，自主经营原则，效益性、安全性、流动性原则，平等、自愿、公平、诚信原则，公平竞争原则，有担保原则等。

2）商业银行"审贷分离，分级审批"的贷款管理制度。《商业银行法》第三十五条第二款规定："商业银行贷款，应当实行审贷分离、分级审批的制度。"

3）商业银行与借款人之间的借款合同。商业银行与借款人订立的合同，作为借款合同的一种，具有有偿性、要式性、诺成性的法律特征。《商业银行法》第三十七条规定："商业银行贷款，应当与借款人订立书面合同。合同应当约定贷款种类、借款用途、金额、利率、还款期限、还款方式、违约责任和双方认为需要约定的其他事项。"

4）商业银行的贷款利率。贷款利率是一定时期内利息额与贷出本金的比率，贷款利息是借款人生产或经营成本的重要组成部分。自新中国成立以来，中国人民银行就采取官定利率的模式。1990 年 12 月 1 日，中国人民银行发布了《中国人民银行利率管理暂行规定》，专门对银行贷款利率作出规定。

5）商业银行资产负债比例管理。资产负债比例管理，是指以金融机构（主要是商业银行）的资本及其负债来制约机构的资产总量及结构的原则，它是通过监测一系列的指标来实现的。我国《商业银行法》中规定了资本充足率、存贷款比例、流动性比例、单个贷款比例四个指标。我国《商业银行法》第三十九条规定，商业银行贷款应当遵守下列资产负债比例管理的规定：资本充足率不得低于 8%；流动性资产余额与流动性负债余额的比例不得低于 25%；对同一借款人的贷款余额与商业银行资本余额的比例不得超过 10%；国务院银行业监督管理机构对资产负债比例管理的其他规定。

6）商业银行的资本充足率。资本充足率是指资本总额与加权风险资产总额的比例，它反映着商业银行在存款人和债权人的资产遭到损失之前，该银行能以自有资本承担损失的程度。我国《商业银行法》规定，商业银行的资本充足率不得低于8%。规定该项指标的目的在于抑制风险资产的过度膨胀，保护存款人和其他债权人的利益。商业银行的资本包括核心资本和附属资本。

7）商业银行对关系人发放贷款的禁止性规定。商业银行的关系人是指与商业银行有直接利害关系，而且能利用这种利害关系或特殊身份直接影响商业银行经营或管理活动的人。《商业银行法》第四十条规定："商业银行不得向关系人发放信用贷款；向关系人发放担保贷款的条件不得优于其他借款人同类贷款的条件。"前款所称关系人是指：①商业银行的董事、监事、管理人员、信贷业务人员及其近亲属；②前项所列人员投资或者担任高级管理职务的公司、企业和其他经济组织。

第七十四条又明确"向关系人发放信用贷款或者发放担保贷款的条件优于其他借款人同类贷款的条件的"，要承担法律责任。

六、商业银行的其他业务规则

1）投资业务。《商业银行法》第四十三条规定："商业银行在中华人民共和国境内不得从事信托投资和证券经营业务，不得向非自用不动产投资或者向非银行金融机构和企业投资，但国家另有规定的除外。"应该指出，上述限制是指在中华人民共和国境内，在中国境外能否从事信托投资业务和股票业务，本条并未限制；此外，上述限制是指不允许向非银行金融机构和企业投资，但对银行之间的投资未加限制。

2）结算业务。结算是指对因商品交易、提供劳务以及资金调拨等而发生的货币资金的收付行为进行了结和清算。银行结算是指银行作为社会各项资金结算的中介而开展的业务。《商业银行法》第四十四条是关于商业银行的结算业务的规定："商业银行办理票据承兑、汇兑、委托收款等结算业务，应当按照规定的期限兑现，收付入账，不得压单、压票或者违反规定退票。有关兑现、收付入账期限的规定应当公布。"

商业银行在办理结算业务时应遵循三项基本原则：恪守信用，履约付款；谁的钱进谁的账，由谁支配；银行不予垫付。同时，银行结算要遵守三项纪律：不准出租、出代账户；不准签发空头支票和远期支票；不准套取银行信用。

3）信用证业务。信用证是银行应买方的请求，开给卖方的一种保证付款的书面凭证。《商业银行法》第三条第十一款规定，商业银行提供信用证服务及担保。《国内信用证结算办法》第二条规定，信用证是指银行依照申请人的申请开立的对相符交单予以付款的承诺。在我国，国内信用证是一种不可撤销、不可转让的跟单信用证，适用于国内企业之间商品交易的转账结算，不得支取现金。个人之间、个人与企业之间的商品交易或企业之间的非商品交易结算不能使用信用证。国际贸易中的信用证结算则适用信用证的国际惯例和规则。

办理信用证结算业务的金融机构，限于经中国人民银行批准经营结算业务的商业银行总行以及经商业银行总行批准开办信用证结算业务的分支机构。

4）银行卡业务。银行卡是可以直接在自动取款机上取款、存款或转账使用的支付工具，具有转账结算、存取现金、消费信用、储蓄和汇兑等多种功能。《银行卡业务管理办法》明确了银行卡各方当事人及其相互之间的法律关系，规定了银行卡业务的监督管理问题。按照不同标准，银行卡可以分为不同的种类。按是否允许透支分类是银行卡的主要分类方法，可分为信用卡和借记卡。

银行卡的计息包括计收利息和计付利息。商业银行办理银行卡收单业务，按下列标准向商户收取结算手续费：宾馆、餐饮、娱乐、旅游等行业不得低于交易金额的 2%，其他行业不得低于交易金额的 1%。

一般来说，信用卡业务可以涉及四个当事人，即发卡银行、持卡人、担保人、特约商户。其中，发卡银行与持卡人是银行卡业务中的基本当事人，也是最重要的当事人。发卡银行和持卡人之间存在众多法律关系，但其内容，也就是各自享有的权利和履行的义务，可以分为法定的权利义务和合同约定的权利义务两类。作为银行卡交易的规范性法律文件，《银行卡业务管理办法》对银行卡交易当事人的权利义务作了具体规定。

第五节　票　据　法

一、票据的概念和特征及票据法的概念

（一）票据的概念

票据作为一个概念，有广义和狭义之分。广义的票据，泛指代表一定权利义务关系的书面凭证，如汇票、本票、支票、仓单、保单、记账凭证等。狭义上的票据是出票人依法签发，约定由自己或委托他人，于见票或指定到期日时，无条件支付一定金额的有价证券。国际贸易结算支付中，所指的票据是狭义上的票据。我国《票据法》规定的票据，是狭义上的票据，包括汇票、本票和支票。

（二）票据的特征

1. 票据是有价证券

票据是有价证券，以一定货币金额表示一定财产权利。

2. 票据是金钱证券

票据给付的标的是一定数额的金钱，而不能以其他财物代替，这与其他物权

凭证有所区别。

3. 票据是要式证券

票据必须严格依照法律规定的形式做成才具有效力，否则就为无效票据，除非法律另有规定。

4. 票据是文义证券

票据规定的权利、义务完全依照票据上的文字记载而定，不得以票据文字记载以外的事项来认定票据权利。唯一例外的情况只是在直接当事人之间能够以票据文义以外的事项进行抗辩。

5. 票据是流通证券

票据可通过交付、背书等法定形式自由地流通、转让，而且不必告知原债务人。为了使票据顺利流通，受让人有权对票据上的出票人、承兑人或前手背书人起诉请求支付。为了保护善意第三人，大多国家的票据法都规定，善意并支付了对价的票据受让人，可以取得优于其前手的权利，不受其前手的权利瑕疵的影响。

（三）票据法的概念

广义的票据法是指调整票据关系的各种法律规范，即各种法律中有关票据规定的法律规范的总称。狭义的票据法是指以部门法形式存在的专门的票据法。本章介绍的主要是狭义的票据法。1995 年 5 月 10 日，第八届全国人民代表大会常务委员会第十三次会议通过《中华人民共和国票据法》，自 1996 年 1 月 1 日起施行；2004 年 8 月 28 日第十届全国人民代表大会常务委员会第十一次会议修改通过新的《中华人民共和国票据法》，该法自公布之日起施行。

二、票据关系

票据关系是指票据法律关系的构成。

票据法律关系是指当事人之间基于票据行为而发生的债权债务关系。由票据关系而产生的权利是票据权利。票据法律关系的构成包括主体、客体和内容。票据法律关系的主体是指票据法律关系的当事人，包括出票人（亦称发票人）、持票人、承兑人、付款人、受款人、背书人、被背书人、保证人等；票据法律关系的客体是指票据法律关系的权利和义务所共同指向的对象。客体只能是一定数额的金钱，而不是某种物品；票据法律关系的内容是指票据法律关系的主体依法所享有的权利和承担的义务。权利和义务是票据法律关系的实质所在。该权利是指票据法律关系的当事人依照票据法或票据行为可以为一定行为或要求他人为一定行为。

三、票据行为

票据行为是指票据关系的当事人之间以发生、变更或终止票据关系为目的而进行的法律行为。票据行为是在票据关系当事人之间进行的行为，票据行为设立、变更或终止票据关系为目的行为。有效的票据行为应具备如下条件。

（一）行为人必须具有从事票据行为的能力

无行为能力人和限制民事行为人不能从事票据行为。《票据法》第六条规定："无民事行为能力人或者限制民事行为能力人在票据上签章的，其签章无效，但是不影响其他签章的效力。"因此，在票据行为中，在票据上签章的自然人必须是具有完全民事行为能力的人，否则，该签章不具有任何效力，签章者并不因此而成为票据上的债务人，其他票据当事人也不得据此签章向无行为能力人或限制行为能力人主张任何票据债权。

（二）行为人的意思表示必须真实或无缺陷

我国《票据法》第十二条第一款规定："以欺诈、偷盗或者胁迫等手段取得票据的，或者明知有前列情形，出于恶意取得票据的，不得享有票据权利。"这一规定表明，尽管票据的形式符合法定条件，但从事票据行为的意思表示不真实或存在缺陷，票据持有人亦不得享有票据上的权利，该等行为无效。

（三）票据行为的内容必须符合法律、法规的规定

票据行为是一种合法行为，故其内容必须符合法律、法规的规定。我国《票据法》第三条规定："票据活动应当遵守法律、行政法规，不得损害社会公共利益。"凡违背法律的规定而进行的行为，将不取得票据行为的法律效力。这里所指的合法主要是指票据行为本身必须合法，即票据行为的进行程序、记载的内容等合法。

（四）票据行为必须符合法定形式

1. 关于签章

在票据上，签章是票据行为生效的一个重要条件。我国《票据法》第七条第一款规定："票据上的签章，为签名、盖章或者签名加盖章。"这就是说，签章既包括签名，也包括盖章，这是我国《票据法》上一个特有的概念。具体来说，行为人在票据上签章，可以采用签名、盖章或者签名加盖章的其中之一。

2. 关于票据记载事项

票据行为要有效成立，必须依据《票据法》的规定，在票据上记载有关事项。根据记载事项的效力，票据记载事项可分为绝对记载事项、相对记载事项、非法定记载事项等。

（1）绝对记载事项

绝对记载事项是指《票据法》明文规定必须记载的，如无记载，票据即为无效的事项。绝对记载的内容包括：①票据种类的记载，即汇票、本票、支票的记载。②票据金额的记载。我国《票据法》则要求票据金额必须以中文大写和阿拉伯数码同时记载，两者必须一致，否则票据即为无效。③票据收款人的记载。④出票或签发日期的记载。这是判定票据权利义务的发生、变更和终止的重要标准，票据必须将此作为必须记载的事项，否则票据即为无效。正是基于票据金额、日期、收款人名称等内容在票据上的重要性，所以我国《票据法》第九条第二款规定："票据金额、日期、收款人名称不得更改，更改的票据无效。"

（2）相对记载事项

相对记载事项是指某些应该记载而未记载，适用法律的有关规定而不使用票据失效的事项。例如，《票据法》规定付款地为相对记载事项。

（3）非法记载事项

非法定记载事项是指《票据法》规定由当事人任意记载的事项。该事项一经记载，即发生《票据法》上的效力。例如，出票人或背书人在汇票上记载"不得转让"就属于任意记载的事项，一旦作了记载，就发生《票据法》规定的效力。

四、票据权利

票据权利是一种证券权利，是体现在票据上的权利。票据是金钱债权证券，所以票据权利是金钱债权，即请求支付一定数额货币的权利。汇票、本票、支票上的权利都是一种支付金钱的请求权，包括付款请求权（第一权利）和追索权（第二权利）。

（一）票据权利的取得

1. 票据权利取得的情形

当事人取得票据权利的情形主要有：①从当事人处取得，出票是创设票据权利的票据行为，从出票人处取得票据，即取得票据权利；②从持票人取得，即转让取得；③其他合法方式取得，如因税收、继承、赠与、企业合并等方式取得。

2. 票据权利取得的限制

1）票据权利的取得，必须给付对价。票据权利的取得是无对价或无相当对价的，只要票据取得人取得票据没有恶意，即不存在欺诈、偷盗、胁迫等，那么他自然享有票据权利，但该票据权利不得优于其前手。前手是指在票据签章人或者持票人之前签章的其他票据债务人。如果前手的权利因违法或有瑕疵而受影响或丧失，该持票人的权利也因此而受影响或丧失。

2）因税收、继承、赠与可以依法无偿取得票据的，不受给付对价值的限制。但是，所享有的票据权利不得优于其前手的权利。

3）因欺诈、偷盗、胁迫、恶意或重大过失而取得票据的，不得享有票据权利。

（二）票据权利的消灭

1. 票据权利消灭的概念

票据权利的消灭，是指因发生一定的法律事实而使票据权利不复存在。票据权利消灭以后，票据上的债权债务关系随之消灭。

2. 票据权利消灭的事由

1）付款。

2）票据失效期间届满。《票据法》规定，票据权利因在一定期限内不行使而消灭。①持票人对票据的出票人和承兑人的权利，自票据到期日起两年；见票即付的汇票、本票，自出票日起两年。②持票人对支票出票人的权利，自出票日起6个月。③持票人对前手的追索权，在被拒绝承兑或者被拒绝付款之日起6个月。④持票人对前手的再追索权，自清偿日或者被提起诉讼之日起3个月。

此外，票据权利可因民事权利的消灭事由如免除、抵消等事由的出现而消灭。

（三）票据权利的行使

票据权利的行使是指票据权利人向票据债务人提示票据，请求实现票据权利的行为，如请求承兑、提示票据请求定期付款、行使追索权等。

（四）票据权利的补救

无论采取哪一种补救措施，均必须符合以下几个条件：第一，必须有丧失票据的事实；第二，失票人必须是真正的票据权利人；第三，丧失的票据必须是未获付款的有效票据。

1）挂失止付。《票据法》第十五条第二款规定："收到挂失止付通知的付款人，应当暂停支付。"挂失止付并不是票据丧失后票据权利补救的必经程序。根据《票据管理实施办法》的规定，付款人或者代理付款人自收到挂失止付通知书之日起 12 日内没有收到人民法院的支付通知书的，自第 13 日起，挂失止付通知书失效。

2）公示催告。失票人应当在通知挂失支付后 3 日内，也可以在票据丧失后，依照《民事诉讼法》关于公示催告的规定，向人民法院申请公示催告。法院依法作出除权判决，宣告票据无效，自判决生效之日起申请人有权向支付人请求支付。

3）普通诉讼。失票人应当在通知挂失止付后 3 日内，也可以在票据丧失后，向人民法院提起诉讼。

▶ 案 例

汇票遗失

王某在出差途中被人偷走了一张 20 万元的汇票，该汇票的出票人是甲公司，付款人为乙银行，收款人为乙银行所在地的某公司。王某发现汇票丢失后，立即向付款银行申请挂失止付，并向乙银行所在地的人民法院申请公示催告。

【案例分析】

这是票据丧失后的经济问题。王某发现汇票丢失后，立即向付款银行申请挂失止付，并向乙银行所在地的人民法院申请公示催告，其做法完全符合《票据法》的规定，可以有效地防止票据损失。

五、票据抗辩

（一）票据抗辩的概念

票据抗辩是指票据的债务人依照《票据法》的规定，对票据债权人拒绝履行义务的行为。

（二）票据抗辩的类型

依据票据抗辩原因以及抗辩效力不同，票据抗辩可分为以下两种。

1. 对物抗辩

对物抗辩是指基于票据本身的内容而发生的事由所进行的抗辩。这一抗辩可以对任何持票人提出。其主要包括以下情形：

1）票据行为不成立而进行的抗辩，如票据应记载的内容有欠缺；票据债务人无行为能力；无权代理或超越代理权进行票据行为；票据上有禁止记载的事项（如付款附有条件，记载到期日不合法）；背书不连续；持票人的票据权利有瑕疵（如因欺诈、偷盗、胁迫、恶意、重大过失取得票据）等。

2）依票据记载不能提出请求而进行的抗辩，如票据未到期、付款地不符等。

3）票据载明的权利已消灭或已失效而进行的抗辩。如票据债权因付款、抵消、提存、免除、除权判决、时效届满而消灭等。

4）票据权利的保全手续欠缺而进行的抗辩。如应作成拒绝证书而未作等。

5）票据上有伪造、变造情形而进行的抗辩。

2. 对人抗辩

对人抗辩是指票据债务人对抗特定债权人的抗辩。这一抗辩多与票据的基础关系有关。例如，甲签发一张票据给乙购买商品，甲就可以乙未交货，不具有对价为由向乙主张抗辩。为此，《票据法》第十三条第二款亦规定："票据债务人可以对不履行约定义务的与自己有直接债权债务关系的持票人，进行抗辩。"

（三）票据抗辩的限制

对票据抗辩予以限制是各国立法普遍采用的做法。我国《票据法》第十三条第一款亦规定："票据债务人不得以自己与出票人或者与持票人的前手之间的抗辩事由，对抗持票人。但是，持票人明知存在抗辩事由而取得票据的除外。"这便是对票据抗辩限制的规定。根据这一规定，我国《票据法》中对票据抗辩的限制主要表现在以下几个方面：

1）票据债务人不得以自己与出票人之间的抗辩事由对抗持票人。

2）票据债务人不得以自己与持票人的前手之间的抗辩事由对抗持票人。

3）凡是善意的、已付对价的正当持票人可以向票据上的一切债务人请求付款，不受前手权利瑕疵和前手相互间抗辩的影响。

4）持票人取得的票据是无对价或不相当对价的，由于其享有的权利不能优于其前手的权利，故票据债务人可以对抗持票人前手的抗辩事由对抗该持票人。

六、票据的伪造和变造

（一）票据的伪造

票据的伪造是指假冒他人名义或虚构人的名义而进行的票据行为。一般认为，票据上的伪造包括票据的伪造和票据上签章的伪造两种。根据《票据法》第十四条规定，票据上有伪造签章的，不影响票据上其他真实签章的效力。这就是说，在票据上真正签章的人，仍应对被伪造的票据的债权人承担票据责任，票据债权人按《票据法》的规定提示承兑、付款或行使追索权时，在票据上真正签章人不能以伪造为由进行抗辩。

（二）票据的变造

票据的变造是指无权更改票据内容的人，对票据上签章以外的记载事项加以变更的行为。例如，变更票据上的到期日、付款日、付款地、金额等。构成票据的变造，须符合以下条件：①变造的票据是合法成立的有效票据；②变造的内容是票据上所记载的除签章以外的事项；③变造人无权变更票据的内容。《票据法》第十四条第三款规定，票据的变造应依照签章是在变造之前或之后来承担责任。如果当事人签章在变造之前，应按原记载的内容负责；如果当事人签章在变造之后，则应按变造后的记载内容负责；如果无法辨别是在票据被变造之前或之后签章的，视同在变造之前签章。尽管被变造的票据仍为有效，但是，票据的变造是一种违法行为，故变造人的变造行为给他人造成经济损失的，应对此承担赔偿责任，构成犯罪的，应承担刑事责任。

七、票据的种类

（一）汇票

1. 汇票的概念和种类

汇票是出票人签发的，委托付款人在见票时或者在指定日期无条件支付确定的金额给收款人或者持票人的票据。汇票可从不同角度有不同分类：

1）以付款期限长短，汇票可分为即期汇票和远期汇票。即期汇票是指见票即行付款的汇票。远期汇票是指约定一定的到期日付款的汇票，包括定期付款汇票、计期汇票和见票后定期付款汇票。

2）以记载收款人的方式不同，汇票可分为记名式汇票和无记名式汇票。

3）以签发和支付地点不同，汇票可分为国内汇票和国际汇票。

4）以银行对付款的要求不同，汇票可分为跟单汇票和原票，前者指使用汇票时需附加各种单据（如提货单、运货单、保险单等），后者是指只需提出汇票本身即可付款，无须附加任何单据的汇票。

我国《票据法》将汇票分为银行汇票和商业汇票，前者是指银行签发的汇票，后者则是银行之外的企事业单位、机关、团体等签发的汇票。

2. 汇票的票据行为

（1）出票

1）出票的概念。出票是指出票人签发票据并将其交付给收款人的票据行为。

汇票的出票人必须与付款人具有真实的委托付款关系，并且具有支付汇票金额的可靠资金来源。不得签发无对价的汇票用以骗取银行或者其他票据当事人的资金。一经出票，票据债权债务关系即成立。

2）汇票的记载事项。根据《票据法》的规定，汇票的记载事项分为绝对必要记载事项、相对必要记载事项和任意记载事项。

绝对必要记载事项主要有表明"汇票"的字样、无条件支付的委托、确定的金额、付款人名称、收款人名称、出票日期、出票人签章。汇票上未记载上述事项之一的，汇票无效。票据金额以中文大写和数码同时记载，二者必须一致，否则票据无效。

相对必要记载事项主要有付款日期、付款地、出票地。出票人应当在汇票上记载，但如果没有记载，也不影响汇票的效力。

任意记载事项是指《票据法》不强制当事人必须记载而允许当事人自行选择，不记载时不影响票据效力，记载时则产生票据效力的事项。例如，出票人在汇票记载"不得转让"字样的，汇票不得转让。其中"不得转让"事项即为任意事项。

其不具有票据效力，银行不负审查责任。

（2）背书

背书是指在票据背面或者粘单上记载有关事项并签章将汇票权利让与他人的一种票据行为。根据《票据法》的规定，背书必须作成记名背书。背书应当连续，即在票据转让中，转让票据的背书人与受让票据的被背书人在汇票上的签章依次前后衔接。

1）背书记载的事项。背书应记载的事项有背书人的签章、被背书人的名称和背书的日期。其中，前两项属于绝对必要记载事项；背书未记载日期的，视为在汇票到期日前背书。背书不得附有条件。背书时附有条件的，所附条件不具有汇票上的效力。将汇票金额的一部分转让的背书或者将汇票金额分别转让给两人以上的背书无效。

2）禁止背书。禁止背书是指出票人或者背书人在票据上记载"不得转让"等字样，以禁止票据权利的转让，包括出票人的禁止背书和背书人的禁止背书两种。出票人的禁止背书应记载在汇票的正面。如果收款人或者持票人将出票人作此禁止背书的汇票转让，该转让不发生票据法上的效力。背书人的禁止背书应记载在汇票的背面。背书人在票据人记载"不得转让"字样，其后手再背书转让的，原背书人对后手的被背书人不承担票据责任。

案 例

票据权利的消灭

A 签发一张银行承兑汇票,金额为 200 万元,付款期限为 4 个月,经 B 银行承兑后交给收款人 A 公司。A 公司又将汇票转让给 B 公司,并在背书时记载"不得再行转让"字样,B 公司因急需用钱,就将票据向 C 银行申请贴现,C 银行经审查后为其办理了贴现手续。该汇票到期后,C 银行向 B 银行提示付款遭到拒绝。

【案例分析】

C 银行仍有票据权利,A 公司将汇票转让给 B 公司,并在背书时记载"不得再行转让"字样,如果 B 公司再将票据转让,只消灭原背书人对其后手的被背书人不承担票据责任,并不消灭票据权利。

---

3)背书的效力。票据背书的效力主要有以下几个。①票据权利的转移。背书成立后,汇票上的一切权利均由背书人转移给被背书人。后者成为汇票的债权人,前者则成为票据的债务人。②票据权利的证明。只要最后的被背书人持有票据,就推定他是合法权利人。③票据权利的担保。背书人应按照汇票的文义,担保汇票的承兑和付款。汇票不获承兑或者不获付款时,背书人对于被背书人及其所有后手均负有偿还票款的义务。

(3)承兑

承兑是指汇票付款人承诺在汇票到期日支付汇票金额的票据行为。

1)汇票的提示承兑。提示承兑是指持票人向付款人出示汇票,并要求付款人承诺付款的行为。根据付款形式的不同,汇票可以分为必须提示承兑、无须提示承兑以及可以提示承兑三种。

① 必须提示承兑的汇票。见票后定期付款的汇票属于必须提示承兑的汇票,持票人应当自出票日起一个月内向付款人提示承兑。

② 无须提示承兑的汇票。见票即付的汇票无须提示承兑。这类汇票有两种:一是在汇票上明确记载"见票即付"字样的汇票;二是汇票上未记载付款日期的,视为见票即付的汇票。

③ 可以提示承兑的汇票。定日付款和出票后定期付款的汇票属于可以提示承兑的汇票。持票人可以在汇票到期日前向付款人提示承兑,也可以不提示承兑而于到期日直接请求付款。但我国《票据法》规定,除见票即付的汇票外,其他汇票都必须提示承兑。

2)承兑记载的事项和方法。

① 记载事项。承兑记载的事项包括承兑文句、承兑日期和承兑人签章,其中,

承兑日期属于相对必要记载事项。但见票后定期付款的汇票，应当在承兑时记载付款日期。付款人承兑汇票，不得附有条件，否则视为拒绝承兑。

② 记载方法。付款人承兑汇票的，应当在汇票正面记载"承兑"字样。在汇票的背面或者粘单上所作的承兑，不发生票据法上的效力。

3）承兑的效力。汇票一经承兑，付款人即成为汇票上的主债务人，其于汇票到期日必须向持票人无条件支付汇票上的金额。此外，付款人对所有追索权人以及履行了偿还义务的背书人、出票人均负有绝对付款的责任。

（4）保证

1）保证的概念。保证是票据债务人以外的第三人为担保票据债务的履行所作的一种附属票据行为。

2）保证的记载事项。保证的记载事项分为绝对必要记载事项和相对必要记载事项。绝对必要记载事项主要有表明"保证"的字样、保证人签章。相对必要记载事项主要有保证人的名称和住所、被保证人的名称、保证日期。未记载保证人名称的，可由其签章认定。未记载被保证人名称的，已承兑的汇票，承兑人为被保证人；未承兑的汇票，出票人为被保证人。未记载保证日期的，出票日期为保证日期。保证不得附有条件；附有条件的，不影响对汇票的保证责任。

3）保证人的效力。保证人对合法取得汇票的持票人所享有的汇票权利，承担保证责任。但是，被保证人的债务因汇票记载事项欠缺而无效的除外。被保证的汇票，保证人应当与被保证人对持票人承担连带责任。汇票到期后得不到付款的，持票人有权向保证人请求付款，保证人应当足额付款。保证人为两人以上的，保证人之间承担连带责任。保证人清偿汇票债务后，可以行使持票人对被保证人及其前手的追索权。

（5）付款

付款是汇票的付款人或者承兑人向持票人支付汇票金额，以消灭票据权利义务的行为。

1）付款的提示。提示付款是指持票人向付款人或者承兑人现实地出示汇票，请求其付款的行为。持票人应按下列期限提示付款。

① 见票即付的汇票。自出票日起 1 个月内向付款人提示付款。

② 定日付款、出票后定期付款或者见票后定期付款的汇票，自到期日起 10 日内向承兑人提示付款。持票人未按上述规定期限提示付款的，则丧失对其前手的追索权。通过委托收款银行或者通过票据交换系统向付款人提示付款的，视同持票人提示付款。

2）付款人的义务。付款人及其代理付款人付款时，应当审查汇票的背书是否连续，并审查提示付款人的合法身份证明或者有效证件。付款人及其代理付款人以恶意或者有重大过失付款的，应当自行承担责任。

（6）追索权

追索权是指持票人在票据到期不获付款或者到期日前不获承兑或有其他法定原因，并在实施行使或保全票据上权利的行为后，可以向其前手请求偿还票据金额、利息及其他法定款项的一种制度。

1）追索权的当事人。追索权的当事人包括追索权人和偿还义务人。追索权人包括最后的持票人和已为清偿的票据债务人。偿还义务人包括出票人、背书人、承兑人、保证人。

2）追索权行使的要件。汇票追索权的行使必须具备一定条件，要求实质要件和形式要件同时具备，持票人方可依法行使该权利。实质要件即行使追索权的内在原因或条件，因期前追索、到期追索两种情况不同而有所不同。就期前追索而言，一般限于远期汇票即定日付款、出票后定期付款及其见票后定期付款的汇票，根据《票据法》第六十一条第二款规定，主要有以下情况：一是汇票被拒绝承兑；二是承兑人或付款人死亡、逃匿；三是承兑人或付款人被依法宣告破产或因违法被责令停止业务活动。形式要件即汇票追索权的行使一般要求具备三项形式要件：第一，持票人必须依有效的票据进行提示，无论提示承兑还是提示付款必须依有效票据进行，才能发生提示效力，在被拒绝时方可发生追索权；第二，持票人必须在法定期限内进行提示，即持票人只能在法律规定的提示承兑期间或提示付款期间提示；第三，取得有关证明。

3）追索权行使的程序。依照《票据法》规定，完整行使汇票追索权一般要经过以下几个步骤：持票人在法定期限进行提示；取得拒绝证明或退票理由书及其他合法证明；拒绝事由的通知；确定追索对象；被追索人清偿，追索权人受领。

4）追索权的效力和限制。

追索权的效力。就对被追索权人的效力而言，汇票的出票人、背书人、承兑人和保证人对持票人承担连带责任。被追索人清偿债务后，与持票人享有同一权利，即享有代位追索权。就对追索人的效力而言，持票人可以不按照汇票债务人的先后顺序，对其中任何一人、数人或者全体行使追索权。持票人对汇票债务人中的一人或者数人已经进行追索的，对其他汇票债务人仍可以行使追索权。

追索权的限制，即持票人为出票人的，对其前手无追索权；持票人为背书人的，对其后手无追索权。

（二）本票

1. 本票的概念及种类

本票是出票人签发的，承诺自己在见票时无条件支付确定的金额给收款人或者持票人的票据。根据本票付款期限的不同，国际上本票可分为即付本票和远期本票。即付本票是见票即付的本票，远期本票包括定日付款本票、出票后定期付款的本票和见票后定期付款的本票。本票以其出票人身份为标准，可以分为银行本票和商业本票。银行或其他金融机构，为出票人签发的本票，为银行本票。银行或其他金融机构以外的法人或自然人为出票人签发的本票，为商业本票。根据本票上是否记载收款人的名称，国际上本票可分为记名本票和无记名本票。《票据法》中所称本票，是指银行本票。

2. 本票的记载事项

本票绝对必要记载事项包括表明"本票"的字样、无条件支付的承诺、确定的金额、收款人名称、出票日期、出票人签章。本票上未记载上述规定事项之一的，本票无效。

本票相对必要记载事项包括付款地、出票地。本票上未记载付款地的，出票人的营业场所为付款地；本票上未记载出票地的，出票人的营业场所为出票地。

3. 本票的付款

本票自出票日起，付款期限最长不得超过两个月。本票的出票人在持票人提示见票时，必须承担付款的责任。本票的持票人未按照规定期限提示见票的，丧失对出票人以外的前手的追索权。本票的背书、保证、付款行为和追索权的行使，除《票据法》有关本票的规定外，适用有关汇票的规定。

（三）支票

1. 支票的概念和种类

支票是出票人签发的，委托办理支票存款业务的银行或者其他金融机构在见票时无条件支付确定的金额给收款人或者持票人的票据。

依不同的分类标准，可以对支票作不同的分类，如记名支票、无记名支票、指示支票，对已支票、受付支票、普通支票、特殊支票等。我国《票据法》按照支付票据方式，将支票分为普通支票、现金支票和转账支票。

2. 支票的记载事项

支票绝对必要记载事项包括表明"支票"的字样、无条件支付的委托、确定的金额、付款人名称、出票日期、出票人签章。支票上未记载上述规定事项之一的，支票无效。

支票相对必要记载事项包括：①付款地，支票上未记载付款地的，付款人的营业场所为付款地；②出票地，支票上未记载出票地的，出票人的营业场所、住所或者经常居住地为出票地。

3. 禁止签发的支票

（1）空头支票

出票人签发的支票金额超过其在付款人处实有的存款金额的，为空头支票。禁止签发空头支票。

（2）与预留本名的签发不符的支票

支票的出票人不得签发与其预留本名的签名式样或者印鉴不符的支票。

（四）支票的付款

出票人必须按照签发的支票金额承担保证向持票人付款的责任。出票人在付款人处的存款足以支付支票金额时，付款人应当在当日足额付款。支票限于见票即付，不得另行记载付款日期。另行记载付款日期的，该记载无效。支票的持票人应当自持票日起 10 日内提示付款。超过提示付款期限的，付款人可以不予付款；付款人不予付款的，出票人仍应当对持票人承担票据责任。付款人依法支付支票金额的，对出票人不再承担受委托付款的责任，对持票人不再承担付款的责任。但是，付款人以恶意或者有重大过失付款的除外。

第六节　保　险　法

一、保险的概念

保险是投保人根据合同约定，向保险人支付保险费，保险人对于合同约定的可能发生的事故因其发生所造成的财产损失承担赔偿责任，或者当被保险人死亡、伤残、疾病或者达到合同约定的年龄、期限承担给付保险金责任的商业保险行为。

二、保险的种类

1. 根据保险标的不同划分

根据保险标的不同划分，保险可分为财产保险和人身保险。

财产保险是指投保人与保险人，以特定的财产及其有关利益为保险标的，明确双方权利义务关系的保险活动。

人身保险，是指投保人或被保险人与保险人之间以人的生命和身体作为保险标的，明确相互权利义务关系的保险活动，通常包括的险种有人寿保险、健康保险、伤害保险三种。

2. 根据承担责任次序的不同划分

根据承担责任次序的不同划分，保险可分为原保险与再保险。

原保险是相对于再保险而言的，是第一责任顺序的保险，它是指保险人对被保险人直接承担保险责任的保险。再保险是指保险人将其承担的保险业务以分保形式部分转移给其他保险人的保险行为，目的在于分散保险人的责任，保障被保险人的利益。

3. 根据保险保障范围的不同划分

根据保险保障范围的不同划分，保险可分为财产保险、责任保险、保证保险、人身保险。

责任保险又称"第三者责任保险"，是指投保人或被投保人与保险人之间以被保险人由于疏忽、过失等行为造成他人损失（人身伤害或财产损失），依法所应负的赔偿责任为保险标的，明确相互权利义务关系的保险。根据责任保险的种类不同，责任保险又分为个人责任保险、公众责任保险、产品责任保险、雇主责任保险和职业责任保险。保证保险，是指投保人或被保险人与保险人之间以被保证人向权利人履行义务为保险标的，明确相互权利义务关系的保险活动。其实质是保险人为被保险人提供担保的行为。

三、保险法的概念

保险法是调整保险关系的法律法规的总称。保险法有狭义和广义之分，狭义的保险法仅仅指以"保险法"命名的法律。广义的保险法，除了狭义的保险法之外，还包括其他法律、行政法规中关于保险的规定。我国于 1995 年颁布了《保险法》，这是新中国成立以来的第一部较为完备的保险基本法，该法已被修订多次。

四、我国保险法的基本原则

保险法的基本原则主要有以下几个。

1. 保险利益原则

《保险法》规定无论是财产保险，还是人身保险，当事人所签订保险合同的效力必须以保险利益的存在为前提，保险利益必须是可保利益，是受益人对保险标的具有法律上承认的、可以确定的经济利益。《保险法》第十二条规定："人身保险的投保人在保险合同订立时，对被保险人应当具有保险利益。财产保险的被保险人在保险事故发生时，对保险标的应当具有保险利益。"保险利益原则的重要意义在于消除赌博的可能性，防止道德危险的发生，限制赔偿程度。

> **案　例**
>
> 为故宫投保是否具有保险利益
>
> 　　一位游客在游览了故宫博物院后，出于爱护国家财产的动机，自愿交付保险费为故宫投保。
>
> 　　【案例分析】
>
> 　　保险利益是投保方对保险标的所具有的法律上承认的经济利益，当保险标的安全存在时，投保方可以由此而获得经济利益。若保险标的受损，则会蒙受经济损失。本案例中，保险标的（故宫）的存在不会为投保人（游客）带来法律上承认的经济利益，保险标的发生事故也不会给投保人造成经济损失，所以该旅客对故宫博物院没有保险利益。

2. 最大诚信原则

所有的合同，均须以诚实信用为基础，无论是民事合同，还是其他合同，尤其是保险合同，诚实信用原则更为重要。《保险法》第五条规定："保险活动当事人行使权利、履行义务应当遵循诚实信用原则。"投保人要将被保险利益的真实情况完全告诉保险人，如有任何隐瞒则可能导致整个保险合同无效。保险人则应如实向投保人说明、解释保险合同，不得以任何方式欺骗投保人和被保险人。

3. 损失补偿原则

在保险合同约定的风险发生后，保险人对被保险人的经济补偿以恰好弥补其所遭受的经济损失为限，即以实际损失为限、以保险金额为限、以保险利益为限。补偿的范围主要有保险事故发生时，保险标的实际损失、施救费用和诉讼支出等合理费用。

4. 保险代位原则

财产保险中保险人补偿被保险人的因保险事故造成的损失后，依法律或合同约定取得对负有责任的第三方进行追偿的权利或者取得被保险人对保险标的的所有权的原则。

五、保险合同

（一）保险合同的概念与特征

保险合同是指投保人与保险人约定保险权利义务关系的协议。其特征如下。

1. 保险合同为诚信合同

保险人的危险担负，很大程度上依赖于投保人的诚实和信用。保险合同在诚信原则的效力范围内实行三项法定制度：如实告知义务；危险增加的通知义务；保险人不承担道德危险引发的风险。

2. 保险合同为格式合同

格式合同指一方实际上只限于服从、接受或者拒绝他方提出的条件而成立的合同。投保人在申请保险时，只有接受或不接受的选择，没有拟定或者充分磋商保险条款的自由，所以难免发生投保人和保险人权利义务不公平的现象，因而在保险合同发生文义不清或所用文义有多种解释时，应当作出有利于被投保人和受益人的解释。

3. 保险合同为射幸合同

射幸合同是指以机会利益为标的的合同，当事人义务履行常取决于机会的发生或者不发生。保险合同的投保人支付保险费的义务，在保险合同成立时已确定，而保险人仅在特定的、不确定的危险发生时或在合同约定给付保险金的其他条件具备时，才承担给付保险金的义务。

同时，保险合同还有目的的保障性、客体的独特性、当事人履行义务的不同时性等特征。

（二）保险合同的主要内容

《保险法》第十八条规定，保险合同应当包括下列事项：①保险人的名称和住所；②投保人、被保险人的姓名或者名称、住所，以及人身保险的受益人的姓名或者名称、住所；③保险标的；④保险责任和责任免除；⑤保险期间和保险责任开始时间；⑥保险金额；⑦保险费以及支付办法；⑧保险金赔偿或者给付办法；⑨违约责任和争议处理；⑩订立合同的年、月、日。投保人和保险人可以约定与保险有关的其他事项。

1. 保险合同当事人及关系人的姓名（名称）、住所

明确保险合同当事人及关系人对于保险合同的权利义务的享有者和承担者至关重要，因此要如实填写保险合同中的保险人的名称和住所，投保人、被保险人名称和住所，以及人身保险受益人的名称和住所，合同尾部规定的订立合同的年、月、日。此部分条款虽然无需协商，但对合同的履行和合同争议的处理有重要意义。

2. 保险合同的基本条款

1）保险标的及价值。保险标的指作为保险对象的财产及其有关利益或者人的寿命和身体健康。保险标的决定了保险的险种，并且是判断投保人或被保险人是否有保险利益存在的根据。保险价值是指保险标的的价值。

2）保险金额。保险金额是投保人和保险人约定在保险事故或事件发生时，保险人应当赔偿或给付的最高限额，是计算保险费的依据。

3）保险费的支付和保险期限。保险费是保险人根据保险金额、保险费率和保险期限决定的，保险费率是由保险标的的风险率来制定的；而保险期限对确定投保人的保险利益有无、保险危险的发生与否、保险费的交纳期限和合同是否已经生效等重大事项的确定都有重要意义。

4）违约责任和争议的处理。违约责任是指投保人、受益人和保险人因自己的过错致使保险合同不能履行或不能完全履行时应承担的法律责任，主要是财产方面的责任。

保险合同的争议指当事人对合同中约定的各项内容有不同的意义或解释，为了保证合同的顺利履行和保障当事人的合法权益，在合同发生争议时必须尽快处理，其处理方式与普通合同的争议处理方式一样，也有四种，即协商、调整、仲裁和诉讼。

3. 保险合同的重点条款

1）保险责任指约定的保险事故或事件发生后，保险人所承担的保险金赔偿或给付责任。保险责任必须明确保险人所承担的风险范围，即保险人可能承担的危险。构成可保危险必须符合下列五个条件：可能性、合法性、偶然性、确定性和未来性。

2）责任的免除指保险人不负赔偿责任或给付责任的范围，也即一般合同所指的不可抗力事件的范围和对方当事人的过错的范围。

4. 合同的特约条款

保险合同的特约条款，是指当事人在满足法律规定的基本条款之后，认为还需要将一些没有被基本条款包括的权利义务以合同的形式确定下来的内容，主要有三种：协议条款、保证条款和附加条款。例如，在保险合同中增加有关保证的条款，被保险人承诺保证履行某些义务的内容；或者增加对合同中某些条款的修正条款，对保险单内的基本条款的内容进行适当的补充，意在扩大或限制原条款中规定的权利义务。因为基本条款一般是事先就印制好的，当事人可根据实际情况进行变更，所以可增加一些附加条款。另外，在海上保险合同中也经常需要附加特约条款。

> ▶ **案　例**

保险受益人

王先生在 4 年前投保了 20 万元人寿保险，指定他的妻子陈女士为受益人。投保后，王先生与陈女士离异，与周女士结婚并生有一个儿子。但王先生并未申请变更受益人。王先生发生意外事故后，其妻子周女士、儿子及前妻陈女士都向保险公司提出了索赔申请。但保险公司经审核后，拒绝了王先生现任妻子和儿子的申请，将保险金给付了陈女士。王先生的妻子周女士气愤难平：丈夫车祸身亡，可得到保险金的不是可怜的妻儿，而是前妻。

【案例分析】

保险公司将保险金给付了前妻陈女士有悖于情，但的确是依法行事。王先生在保险合同上指定陈女士为受益人，虽然陈女士已与王先生离婚，但是并没有变更受益人。根据《保险法》第四十一条规定，变更受益人是一种要式行为，投保人或被保险人必须书面通知保险公司，这种变更行为自保险公司收到投保人或被保人的书面通知并在保单上批注之日起生效，由于王先生在保险事故发生前没有办理变更手续，视为没有变更受益人。所以，保险金的受益人仍是前妻陈女士。

（三）无效保险合同

1. 无效保险合同的概念及种类

无效保险合同，指当事人所签订的合同的内容或其程序违反了法律的规定，法律不予承认和保护的合同，有以下种类：

1）主体不合格。签订保险合同的当事人的主体资格不符合法律的规定，如投保人没有完全的民事行为能力，不是投保财产的所有人或合法占有人，保险人没有所承担保险险种的权利能力，保险代理人超出险种授权范围，没有保险营业资格等。

2）意思表示不真实。在保险合同中当事人的意思表示不真实主要有受到对方的欺诈或胁迫两类情况。

3）客体不合法。客体不合法包括以下几种情况：危险已存在、重复保险、未经授权、虚报年龄。危险已存在是指投保时，已发生保险合同中的风险责任。重复保险是指财产保险合同中投保人对同一保险标的、同一保险利益、同一保险事故，在同一保险时期分别向两个或两个以上的保险人订立保险合同，且（或）保险金额总和超过保险价值的保险。未经授权指在死亡保险合同中，投保人未经被保险人的同意，订立的死亡保险合同无效。虚报年龄指人寿保险合同因投保人对被保险人的年龄不作如实的陈述，真实年龄已经超过保险规定的年龄的上限，使人寿保险的条件消失，而导致合同的无效。

2. 无效合同的认定及后果

无效合同的认定由人民法院或仲裁机构经审理后作出。

无效保险合同的效力自合同订立时就没有法律效力，当事人因履行合同而相互交付的保险费和保险赔偿金及保险给付应当各自返还。除了这些全部无效的保险合同外，尚有一些是部分无效合同，如投保人善意超额保险，对此应视为超额保险部分无效。

（四）保险合同的终止

在保险合同的存续期间，一定的法律事实可使保险合同的效力消失，如保险期限届满，在保险人履行赔偿责任后，保险标的全部灭失或协议等情况都可能导致保险合同的终止。保险合同的终止，不溯及以往的效力，终止前的保险费不必偿还，终止后的保险费可以返还给投保人或受益人。

六、通知与索赔及理赔

（一）通知与索赔

1）通知。投保人、被投保人或受益人知道保险事故发生后，应当及时通知保险人，以便保险人能够及时勘查保险标的的受损失的现场和调查保险事故发生的原因，以及查证保险标的损失的情况。

2）提交证明文件。保险事故发生后，依照保险合同请求保险人赔偿或者给付保险金时，投保人、被投保人或者受益人应当向保险人提供其所能提供的与确认保险事故的性质、原因、损失程度等有关的证明资料。

3）提出索赔的请求，包括保险标的受损的情况和损失的金额、请求赔偿的金额等。索赔的实效有两种：人寿保险的被保险人或受益人行使保险金给付请求权的诉讼时效期间为五年；人寿保险以外的其他保险的被保险人或受益人行使保险金赔偿或给付请求权的诉讼时间期间为两年。超出索赔时效的请求不受法律保护。

（二）理赔

1）核定理赔。保险人收到被保险人或者受益的赔偿或者给付保险金的请求后，应当及时作出核定，情形复杂的，应当在 30 日内作出核定，但合同另有约定的除外。对属于保险责任的，在与被保险人或者受益人达成有关赔偿或者给付保险金额的协议后 10 日内，履行赔偿或者给付保险金义务。保险合同对保险金额及赔偿或者给付期限有约定的，保险人应当依照保险合同的约定，履行赔偿或者给付保险金义务。

2）先予支付。保险人自收到赔偿或者给付保险金的请求和有关证明、资料之日起 60 日内，对其赔偿或者给付保险金的数额不能确定的，应当根据已有证明和资料中可以确定的最低数额先予支付；保险人最终确定赔偿或者给付保险金的数额后，应当支付相应的差额。

3）拒绝理赔。保险人收到被保险人或者受益人的赔偿或者给付保险金的请求后，对不属于保险责任的，应当向被保险人或者受益人发出拒绝理赔或者拒绝给付保险金的通知书。

4）违反理赔责任。保险人未及时履行理赔义务，除支付保险金外，应当赔偿被保险人或者受益人因此受到的损失。

▶ **案 例**

汽车保险是否能全额赔偿

某建筑公司以进口轿车向某保险代办处投保机动车辆保险。承保时，保险代理人误将该车以国产车计收保费，少收保费 482 元。合同生效后，保险公司发现这一情况，立即通知投保人补缴保费，但被拒绝。于是，保险公司单方面向投保人出具了保险批单，批注："如果出险，我司按比例赔偿。"合同有效期内，该车出险，投保人向保险公司申请全额赔偿。

【案例分析】

保险代理人误以国产车收取保费的责任不在投保人，代理人的行为在法律上应推定为放弃以进口车为标准收费的权利。保险人单方出具批单的反悔行为违背了最大诚信原则，不具有法律效力。保险人单方出具批单变更合同，是一种将自己意志强加于投保人的行为。批单不是协商一致的结果，不可能成为合同有效组成部分，不影响合同的履行。而且保险公司不得因代理人承保错误推卸全额赔付责任。《保险法》第一百二十七条规定："保险代理人根据保险人的授权代为办理保险业务的行为，由保险人承担责任。"据此，本案应全额赔偿。

七、保险欺诈及其法律后果

（一）谎称保险事故

被保险人或者受益人在未发生保险事故的情况下，谎称发生了保险事故，向保险人提出赔偿或者给付保险金的请求的，保险人有权解释保险合同，并且不退还保险费。

（二）故意制造保险事故

投保人、被保险人或者受益人故意制造保险事故的，保险人有权解释保险合同，不承担赔偿或者给付保险金的责任，也不退回保险费。唯一例外的是在人身保险中，投保人、受益人故意造成被保险人死亡、伤残或者疾病的，保险人不承担给付保险金的责任，但是，投保人已经交足两年以上保险费的，保险人应当按照合同的约定向其他享有权利的受益人退还保险单的现金价值。

（三）虚报损失

保险事故发生后，投保人、被保险人或者受益人以伪造、变造的有关证明、资料或者其他证据，编造虚假的事故原因或者夸大损失程度的，保险人对其虚报的部分不承担赔偿或者给付保险金的责任。

八、保险公司

（一）保险公司的成立条件

保险公司是按照我国《保险法》和《公司法》设计的金融机构，其他任何单位和个人不得经营商业保险业务。我国的商业保险是指除了劳动保险和养老保险之外的营利性保险业务。

1）保险公司须符合特定条件。《保险法》规定，设立保险公司必须经中央银行批准，须符合下列条件：①主要股东具有持续盈利能力，信誉良好，最近三年内无重大违法违规记录，净资产不低于人民币2亿元；②有符合本法和《公司法》规定的章程；③有符合本法规定的注册资本；④有具备任职专业知识和业务工作经验的董事、监事和高级管理人员；⑤有健全的组织机构和管理制度；⑥有符合要求的营业场所和与经营业务有关的其他设施；⑦法律、行政法规和国务院保险监督管理机构规定的其他条件。

2）提交必要的文件。申请设立保险公司，应当提交下列文件：①设立申请书，主要内容包括拟设立公司的名称、注册资本和业务范围；②可行性研究报告；③中央银行规定的其他文件和资料。

3）设立保险公司的程序。设立保险公司的申请经过初步审查合格后，申请人应当依照《保险法》和《公司法》的规定进行保险公司的筹建，具备前两项条件的，向中央银行提交正式申请表和下列有关文件：①保险公司的章程；②股东名册及其股份或者出资人及其出资额；③持有公司股份10%以上的股东的资信证明和有关资料；④法定验资机构出具的验资证明；⑤拟任职的高级管理人员的简历和资格证明；⑥经营方针和计划；⑦营业场所和与业务有关的其他设施的资料；

⑧金融管理监督部门规定的其他文件资料。中央银行收到上述申请文件之日起6个月内，应当作出批准或不批准的决定。

经批准设立的公司，由中国人民银行颁发经营保险业务许可证，并凭经营保险业务许可证到工商行政管理机关办理登记，领取营业执照。如果超过6个月无正当理由未办理公司登记的，其经营保险业务许可证自动失效。

4）提取保证金。保险公司成立后应当按照其注册资本总额的20%提取保证金，存入中央银行指定的银行，除保险公司清算时用于清偿债务外，不得动用。

（二）保险公司的经营规则

1）保证金提取。保险公司应当按照其注册资本总额的20%提取保证金，存入保险监督管理机构指定的银行，除保险公司清算时用于清偿债务外，不得动用。

2）保险准备金提取。保险准备金是保险公司为了承担未到期责任或者未决赔款而从保险费收入中提取的准备基金，包括未到期责任准备金和未决赔款准备金。

3）保险公积金提取。《保险法》规定，保险公司除应依法提取准备金之外，还应当依照有关法律、行政法规及国家财务会计制度的规定提取公积金。

4）再保险的强制。再保险是指保险人将其承担的保险业务，以承报形式，部分转移给其他保险人的保险行为。保险公司应当按照保险监督管理机构的有关规定办理再保险。

5）自留保险费的限制。经营财产保险业务的保险公司当年自留保险费不得超过其实有资本金加公积金总和的4倍。对于经营人身保险业务的保险公司，其当年的自留保险费不受限制。

6）承保责任的限制。保险公司对每一个危险单位，即对一次保险事故可能造成的最大损失范围所承担的责任，不得超过其实有资本加公积金总和的10%；超过的部分，应当办理再保险。

7）资金运用规则。保险公司的资金运用必须稳健，遵循安全性原则。保险公司的资金运用，限于在银行存款、买卖政府债券、金融债券和国务院规定的其他资金运用形式；保险公司运用的资金和具体项目的资金占其资金总额的具体比例，由保险监督管理机构规定。

第七节　证券法和证券投资基金法

一、证券法

《证券法》是新中国成立以来第一部按国际惯例、由国家最高立法机构组织而非由政府某个部门组织起草的经济法。《证券法》起草工作始于 1992 年，促成《证券法》出台的重要原因之一是 1998 年亚洲"金融危机"的爆发。这一事件使国内对金融风险的重视程度大大提高，加速了《证券法》的诞生。

《证券法》是为了规范证券发行和交易行为，保护投资者的合法权益，维护社会经济秩序和社会公共利益，促进社会主义市场经济的发展。由第九届全国人民代表大会常务委员会第六次会议于 1998 年 12 月 29 日修订通过，自 1999 年 7 月 1 日起施行，之后经过了多次修正。

（一）证券法概念和范围

证券法是调整证券发行、交易和国家对证券市场监管过程中所发生的社会关系的法律规范的系统。

证券有广义和狭义之分。广义的证券一般指财物证券（如货运单、提单等）、货币证券（如支票、汇票、本票等）和资本证券（如股票、公司债券、投资基金份额等）。狭义的证券仅指资本证券。我国《证券法》规定的证券为股票、公司债券和国务院依法认定的其他证券。其他证券主要指投资基金份额、非公司企业债券、国家政府债券等。

（二）证券法的基本原则

1. 保护投资者合法权益原则

投资者是证券市场的核心元素，投资者的资金是证券市场的源泉，是证券市场赖以生存和发展的基础，投资者投资于证券市场的前提是其合法权益能得到充分保护。

2. 公开、公平、公正原则

公开原则是证券法的核心和精髓所在。公开原则是指有关证券发行，相关的信息要依法如实披露、充分披露、持续披露，让投资者在充分了解真实情况的基础上自行作出投资判断。公开原则的基本要求：公开的信息必须真实、准确、完整，不得有虚假记载、误导性陈述或者重大遗漏。信息公开要及时，要有使用价值。除了信息公开外，办事程序、办事规则都要公开。

公平原则是指在证券发行和交易中双方当事人的法律地位平等、法律待遇平等、法律保护平等以及所有市场参与者的机会平等。首先，机会平等重要，体现为公平市场准入和市场规则，每个当事人的机会和条件都应当是相同的。其次，平等的主体地位和平等待遇。即在法律上平等享有权利、承担义务，权利与义务具有一致性。最后，同等的受到法律保护。任何主体权利受到侵害，都有权采取相应的法律救济措施。

公正原则是指证券发行及交易活动中，应制定和遵守公正的规则，证券监管机关和司法机关应公正地使用法律规范，对当事人应公平平等地对待，不偏袒任何一方。公正原则是实现公开公平的保障。公平的核心是平等，公正的核心是中立，根据公正原则，首先，要求立法者制定公正的规则，以实现市场各主体之间的利益平衡。其次，要求执法者和司法者在法律范围内，公正地执行法律，解决利益冲突和纠纷。

中国证券市场从无到有、在诞生后短短的几十年，迅速成为无论总市值、募集资金规模还是交易活跃度都走到世界前列的全球主要市场，跨越了西方发达国家几百年走过的历程，这自然得益于中国经济的持续高速增长的坚实基础和大背景。但是，证券市场中的内幕交易、操作股价等各种违法、违规行为，也一直成为证券市场的诟病。长期以来，中国证监会严厉打击证券市场的违法、违规行为，取得了很多重大成果，保护了投资者的利益，建立健全了公开、公平、公正的证券市场。

> ▶ **案 例**
>
> 李某编造并传播收购"苏三山"虚假信息案
>
> 1993 年 11 月 6 日，某省《特区证券报》刊登消息称，广西某有限公司欲收购江苏省昆山市三山股份有限公司（以下简称"苏三山"）的消息。中国证监会立即对此展开了调查。经查，湖南省某县物资局干部李某编造了某有限公司欲收购"苏三山"的信息，并于 1993 年 10 月～11 月初，多次向深圳证券交易所、"苏三山"、《深圳特区报》编辑部、《特区证券报》编辑部通报"收购'苏三山'"的虚假消息，并要求予以公布，最终导致此消息在社会公开传播。1993 年 11 月 8 日，虚假信息见报第一日，股票价格从 8.30 元涨到 11.50 元，成交数量高达 2105.8 万股。李某当时抛售 9500 股，取得 10.83 万元。次日，李某将剩余的 14.05 万股以 9.45 元价格抛出。随后李某自首。
>
> 【案例分析】
>
> 李某编造并传播虚假信息的动因是为了配合其追逐超额利润的违法行为的实施。本案例中，李某在发布信息后，在股票价格异常上涨的过程中抛售股票，获得了超额利润。我国《证券法》第七十八条规定："禁止国家工作人员、传播媒介从业人员和有关人员编造、传播虚假信息，扰乱证券市场。禁止证券交易所、证券公司、证券登记结算机构、证券服务机构及其从业人员、证券协会、证券监督管理机构及其工作人员，在证券交易活动中作出虚假陈述或者信息误导。"李某的行为是典型的编造传播虚假信息行为。

二、证券投资基金法

（一）《证券投资基金法》的诞生

2004 年 6 月 1 日，《中华人民共和国证券投资基金法》（以下简称《证券投资基金法》）施行。近年来，公募基金与私募基金呈爆发式增长。为规范基金投资与交易，防止内幕交易、"老鼠仓"等违法现象侵害投资者合法权益，经 2002 年 10 月 28 日第十届全国人民代表大会常务委员会第 5 次会议通过，2012 年 12 月 28 日第十一届全国人民代表大会常务委员会第 30 次会议修订，2012 年 12 月 28 日中华人民共和国主席令第 71 号公布。被修订的《证券投资基金法》自 2013 年 6 月 1 日起施行。2015 年 4 月 24 日第十二届全国人民代表大会常务委员会第十四次会议修正。

（二）《证券投资基金法》的立法目的

1. 规范基金投资活动

制定《证券投资基金法》的目的就是要确立证券投资基金活动的基本规范，借助这些规范来指引与证券投资基金相关的各种行为，对于脱离基本规范的行为予以制裁，最终使得证券投资基金活动在健康有序的范围内进行。

2. 保护投资人及相关当事人的合法权益

当事人及相关当事人包括基金投资人（投资人）、基金管理人、基金托管人、基金份额发售机构，以及相关会计师事务所、律师事务所及提供资产评估服务等中介机构。

在证券投资基金组织机构中，基金管理人和基金投资者之间实际上是一种不对等的法律关系，基金管理人处于一种相对优势的地位，投资者则处于相对弱势的地位。从权责关系上看，基金管理人拥有以自己的行为改变他人法律地位的能力，而基金投资者必须承受这种被改变的法律后果。

因此，《证券投资基金法》明确规定了基金管理的首要职责是为投资者最大利益服务，而不是稳定市场。

保护投资者利益的三个原则主要表现为：一是投资者要根据信息作出买卖的决定；二是自由买卖；三是根据客观标准进行价格评估，引入这种客观标准要达到的目的是合理反映具有流动性的市场形成价格。

3. 促进证券投资基金和证券市场的健康发展

证券投资基金是适应市场发展和社会对专业化理财服务日益增长的需求而产生的,是在证券市场长期实践中逐步演化而形成的,反映了社会经济发展的必然趋势。

> ▶ **案 例**
>
> ### 不法分子利用"基金管理公司"名义招摇撞骗
>
> 某基金未经证监会核准,擅自在深圳市设立公募基金管理公司,在不具备公募证券投资基金管理资质的情况下,通过网站、社交网络、电话等方式向不特定对象宣称公司是境内管理基金数目最多、品种最全的基金管理公司之一,经营业务包括基金募集、基金销售、资产管理和中国证监会许可的其他业务,截至 2013 年 6 月底该团队累计创造分红超过 820 亿元,旗下有多种开放式基金,可以满足各类风险偏好投资者需求。
>
> 该基金的虚假宣传严重误导投资者。为避免投资者购买该公司基金产品造成投资损失,深圳市证监局对该基金进行立案调查,认定该公司非法设立公开募集基金管理公司,联合深圳市公安局经济犯罪侦查支队对该公司进行查处,责令该公司停止非法经营活动,并作出取缔该公司的决定。
>
> **【案例分析】**
>
> 2013 年,深圳市率先实施工商注册登记改革,经营资格许可不作为工商登记的前置审批程序。不法分子利用此改革举措,注册"基金管理公司"后,违反《证券投资基金法》规定,在未取得证监会批准的情况下,借助"基金管理公司"进行虚假宣传,公开募集基金,欺诈投资者。投资者将资金交给其投资,权益无法得到法律保障;一旦不法分子诈骗钱财后销声匿迹,投资者将血本无归。投资者切莫轻易相信各类"基金管理公司"及其虚假宣传,投资前,务必通过证监会及各地证监局网站、基金业协会网站核实该基金经营机构是否合法,谨防上当受骗。

第八节 担 保 法

一、担保的概念

在民法上,担保主要有两种含义:一是指对某一事项的担保,如对商品质量的担保;二是指对债务履行的保证,即债的担保。债的担保又有一般担保和特别担保之分。我们主要掌握债的担保中的一般担保。

债的一般担保是指对一般债权人债权的担保，是债的法律效力的自然结果。债的一般担保主要有民事责任和债的保全两种制度。从民事责任来说，由于债是一种信用关系，债务人须以自己的信用和财产来保证其债务的履行。债务人不履行债务是对债权人债权的一种侵害，债务人应当依法承担债务不旅行的民事责任，以保障债权人的合法权益。而债务人要不想承担债务不履行的民事责任，就只有履行其债务。因而，民事责任制度以让债务人承担不履行债务的不利法律后果的方式来保证债务的履行和债权的实现。从债的保全来说，债权的实现需要债务的适当履行，而债务的适当履行又须以债务人的财产为物质保障。

在债的关系中，债务人是以其全部财产作为清偿债务的保障，即债务人以其全部财产担保债的履行。债务人的全部财产或总财产构成了责任财产，债务人即以其责任财产对债权人的债权承担清偿责任。因此，债的关系成立后，债务人责任财产的减少会直接损害债权人的债权，影响债权的实现。为保证债务人能以全部财产清偿其全部债务，法律赋予债权人以代位权与撤销权。债权人的代位权是指当债务人怠于行使其对第三人的权利而害及债权人的债权实现时，债权人为了保全自己的债权，得以自己的名义代位行使属于债务人的权利的权利；债权人撤销权是指当债务人实施减少其财产的行为而害及债权人的债权实现时，债权人为保全自己的债权，得请求法院对该行为予以撤销的权利。

二、担保的方式

根据用于担保的标的，担保可以分为人的担保、物的担保与金钱担保。这里我们主要学习物的担保和金钱担保。

物的担保是指担保人以其特定的财产所提供的担保。在物的担保中，担保标的是债务人或者第三人的特定财产，即债务人或者第三人以其一定的特定财产担保债权人的债权。在物的担保中，根据是否转移担保财产的权利，又分为不转移权利型的物的担保和转移权利型的物的担保。前者是指在供与担保的财产上为债权人设定一定的特定权利以担保债权的担保方式。在这种物的担保中，在债务人不履行债务时，债权人得依法行使担保权，从担保财产的价值中优先受偿。为担保债权的履行而在特定财产上设定的权利，统称为担保物权，包括抵押权、质权、留置权、优先权。后者是指以转移一定财产的所有权或其他权利来担保债权的担保方式。在这种物的担保中，在债务人不履行债务时，债权人则直接取得担保财产的所有权或其他权利用以清偿债权。转移权利型的物的担保通常属于非典型担保，主要包括让与担保、所有权保留等。

三、金钱担保的形式

金钱担保是指担保人以其金钱所提供的担保。在金钱担保中，担保标的是债务人所提供的一定数额的金钱。金钱担保的典型形式为定金，它通常是以定金罚则的形式担保债权的实现。

《中华人民共和国担保法》（以下简称《担保法》）第八十九条规定："当事人可以约定一方向对方给付定金作为债权的担保。债务人履行债务后，定金应当抵作价款或者收回。给付定金的一方不履行约定的债务的，无权要求返还定金；收受定金的一方不履行约定的债务的，应当双倍返还定金。"定金是指为担保合同的订立、成立生效、履行，由当事人一方向对方给付的一定金钱或代替物。

（一）定金合同

定金合同是当事人双方约定定金条款的合同。定金合同作为一种合同，其订立程序、成立要件以及生效要件等应遵守《合同法》的一般规定。这里只就定金合同的几个特殊问题作阐述。

1. 定金合同的当事人

定金合同的双方当事人为给付定金的一方和收受定金的一方。在定金合同中，主合同之外的第三人不能作为当事人。

2. 定金合同的形式

我们认为，如果当事人双方仅有口头约定而未付定金时，不能认定双方的口头约定的效力。但是，若当事人虽为口头约定，但实际交付了定金，则定金合同被认为是有效的。

3. 定金合同的内容

一般来说，定金合同中主要包括定金的交付期限、定金的数额、定金的担保性质以及定金的类型。

4. 定金的交付期限

由于定金的种类不同，其交付期限也存在差别，定金合同中应当根据定金的类型约定定金的交付期限。

5. 定金的数额

《担保法》第九十一条中规定，定金的数额"不得超过主合同标的额的20%"。

如果当事人约定的定金数额超过主合同标的额的 20%，其超过部分视为无效。

6. 定金的担保性质

当事人应当在合同中对定金的性质作出约定，这种约定有两种方式：一是注明一方当事人所交付的款项为定金；二是明确约定定金罚则的适用。

7. 定金的类型

当事人在合同中对定金的性质作出约定时，应当同时明确定金的类型。当然，如果定金合同中没有对定金的类型作出约定，则应当按照法定定金即违约定金予以解释。

（二）定金的效力

1. 定金的证约效力

定金的证约效力是指定金具有证明主合同存在的效力。这是因为，定金是为担保合同而设立的，具有从属性。因此，一般来说，没有主合同，当事人之间就不会发生交付和收受定金的事实；反之，当事人之间交付和收受定金的事实，也证明当事人之间存在着合同关系。

2. 定金的预先给付效力

定金的预先给付效力是指在债务人履行债务后，定金可以抵作价款。《担保法》第八十九条中规定："债务人履行债务后，定金应当抵作价款或者收回。"抵作价款，是指交付定金的一方从依主合同应给付的价款数额中扣除已交付的定金额而给付其余款；收回，是指交付定金的一方于给付主合同规定的全部价金后，由收受定金的一方将收受的定金原额返还。

3. 定金的担保效力

定金的担保效力是指通过定金罚则等措施保障当事人获得合同债权并实现之。定金的担保效力是定金的基本效力，也是定金目的的根本体现。

四、担保法的含义

担保法有形式意义上的担保法与实质意义上的担保法之分。从形式意义上说，担保法是指以担保法命名的法律，如《担保法》；从实质意义上说，担保法是指调整债的担保关系的法律规范的总称。我们所研究的担保法，一般是指实质意义上的担保法，但在内容上则以形式意义上的担保法为主。

担保法又有普通担保法与特别担保法之分。普通担保法是指民法或担保法中规定的担保制度。在我国，普通担保法主要是指《中华人民共和国民法通则》、《担保法》、《中华人民共和国物权法》中所规定的担保制度。特别担保法是指其他特别法中规定的担保制度。例如，《票据法》关于票据保证的规定、《海商法》关于船舶抵押权、船舶留置权、船舶优先权的规定等都属于特别担保法的范畴。

五、担保法的作用

（一）保障债权的实现

债是一种信用关系，债权是受法律保护的民事权利，法律采取各种制度措施维护债的信用以保障债权实现，如债的保全制度、债的担保制度、民事责任制度等。其中，债的担保制度是保障债权实现的特殊措施。尽管债的保全制度、民事责任制度具有保证债权人利益的功能，但不能确保特定债权人债权的实现。只有债的担保制度能打破债权人从债务人财产中平等受偿的原则，或者扩大债务人承担责任的财产范围，从而使债权的效力加强，使特定债权的实现得到可靠的保障。

（二）促进资金融通和商品流通

民法所调整的财产关系有财产归属利用关系和财产流转关系之分。资金融通和商品流通是财产流转关系的具体表现，其法律调整的主要方式就是债。无论是资金的借贷，还是商品的交易，只有债务人有足够的信用，债权人的利益能得到可靠的保证，债权人才会放心地贷出资金或进行商品交易。也就是说，只有确保债权人的利益，资金的融通和商品的流通才能得到广泛开展。债的担保制度正是增强债务人信用的一种法律制度，从而使债权人能够避免或减少信贷的风险，交易双方的利益能够得以保障。

（三）推动发展市场经济

市场经济是法制经济、信用经济，须有可靠的信用基础，才能得以安全有序地发展。一方面，担保法有利于保障债权的实现，保障交易的安全，有助于维持正常的市场经济秩序；担保法为交易当事人提供了信用保障，促进交易，而交易的发达正是市场经济发展的表现。另一方面，担保法还为最大限度地发挥物的效用创造了有利的机制。例如，物的担保尤其是抵押担保，既可以发挥物的价值，又可以发挥物的使用价值，从而使当事人得以充分发挥其财产的效用。从这一意义上来说，《担保法》也是推动社会主义市场经济发展的有效法律工具。

六、担保法的原则

（一）平等原则

《担保法》的平等原则是指在担保活动中当事人的法律地位一律平等。在担保法上，平等原则主要表现在以下几个方面：

1）民事主体的担保权利能力平等。担保权利能力是民事权利能力的具体表现，是民事主体享有担保权利和负担担保义务的资格。在担保活动中，不论是自然人，还是法人或其他组织，也不论当事人的经济地位和势力如何，他们的担保权利能力一律平等。

2）在具体担保法律关系中的地位平等。无论何种民事主体都具有独立的平等地位，平等地参与担保法律关系，任何一方当事人都不享有超越对方的特权，都不得将自己的意志强加于对方。即使当事人之间在行政上存在某种隶属关系，在担保关系中也是平等的，不存在管理与服从的关系。

3）担保活动的当事人平等地协商在担保活动中的权利义务。在担保关系中，当事人的权利义务可以由其平等地协商确定，如可以平等协商担保的方式、担保的范围等。

4）担保活动当事人的合法权益平等地受法律保护。在担保关系中，不论是担保权人还是担保人，其合法权益都平等地受法律的保护。

（二）自愿原则

《担保法》上的自愿原则是指在担保活动中，当事人完全按照自己的意愿依法自主决定担保的有关事项。在担保法上，自愿原则主要表现在以下几个方面：

1）当事人自主决定是否设定担保。债权人是否设定担保，担保人是否愿意为债权人提供担保，完全由当事人决定，任何人都不能强迫。

2）当事人有选择担保相对人的自由。当事人决定为债权设定担保后，有权选择相对人。例如，在人的保证中，债权人有权选择保证人，若认为债务人推荐的保证人不合适，有权要求债务人另行确定保证人。

3）当事人得自主决定担保内容。例如，在保证中，当事人可以约定保证方式、保证期间、保证担保范围等；在抵押权、质权中，当事人可以约定被担保主债权的种类和数额、担保的范围等。

4）当事人得自主选择担保方式。担保方式有多种，除不能选择法定担保外，对保证、定金、抵押、质押等担保方式，当事人有权选择适用。

（三）公平原则

《担保法》的公平原则是指在担保活动中，当事人应以社会公认的公平正义观念指导自己的行为，有关机关也应当以公平正义观念协调当事人之间的利益关系。在《担保法》上，公平原则主要体现以下几个方面：①担保的设定应当按照公平原则确定当事人的权利义务；②担保权人在行使担保权时，应当按照公平原则的要求维护当事人的利益；③担保活动中的责任承担应当符合公平原则的要求。

（四）诚实信用原则

担保法的诚实信用原则是指当事人在担保活动中应诚实，守信用，善意、正当地行使权利和履行义务。在《担保法》中，诚实信用原则主要体现以下几个方面：①当事人在设定担保时，应当遵循诚实信用原则，否则将会影响担保设定的效力；②担保权人在行使担保权时，应当符合诚实信用原则的要求。

七、抵押权

（一）抵押权的含义

我国《物权法》第一百七十九条规定："为担保债务的履行，债务人或者第三人不转移财产的占有，将该财产抵押给债权人的，债务人不履行到期债务或者发生当事人约定的实现抵押权的情形，债权人有权就该财产优先受偿。前款规定的债务人或者第三人为抵押人，债权人为抵押权人，提供担保的财产为抵押财产。"依此规定，抵押权是指抵押权人对于抵押人不转移占有而提供担保的财产，于债务人不履行到期债务或者发生当事人约定的情形时，能就抵押财产优先受偿的权利。抵押人是不转移财产的占有而将该财产提供给债权人担保的债务人或者第三人，抵押权人是接受抵押担保的债权人，提供债券担保的财产为抵押财产。债务人或者第三人将财产不转移占有地提供给债权人担保的行为，也就是抵押。

（二）抵押权的特性

1. 顺序性

抵押权的顺序性是指在统一财产上设定有数个抵押权时，各抵押权之间有一定的先后顺序。顺序在先的抵押权优于顺序在后的抵押权，在实现抵押权时只有先一顺序的抵押权人受偿后，后一顺序的抵押权人才能就抵押财产余下的价值受偿。《物权法》第一百九十九条规定："同一财产向两个以上债权人抵押的，拍卖、变卖抵押财产所得的价款依照下列规定清偿：①抵押权已登记的，按照登记的先后顺序清偿；顺序相同的，按照债权比例清偿；②抵押权已登记的先于未登记的受偿；③抵押权未登记的，按照债券比例清偿。"

2. 追及性

抵押权的追及性是指不论抵押财产落入何人之手，抵押权人得追及该财产行使权利。因为在抵押期间，抵押财产仍由抵押人占有、使用，因此极容易发生抵押财产落入第三人之手的情形，也就有必要赋予抵押权以追及性。抵押权的追及性的主要表现有两个方面：①抵押人擅自将抵押财产转让给他人时，抵押权不受影响，抵押权人得追及该财产并对之行使抵押权；②抵押财产受到他人不法侵害的，抵押权人得基于抵押权而请求除去妨害。

（三）抵押权的分类

根据抵押权的标的性质的不同，抵押权可分为不动产抵押权、权利抵押权和动产抵押权。

不动产抵押权是以不动产为标的的物的抵押权。不动产抵押权以登记为成立要件，不经登记抵押权不生效。

权利抵押权是以不动产上的权利为标的的抵押权。在我国，权利抵押权主要是指土地使用权和海域使用权。权利抵押权也须登记才能成立生效。

动产抵押权是以动产为标的物的抵押权。动产抵押以登记为对抗要件，不经登记的动产抵押权不能对抗善意第三人。

（四）抵押合同

《物权法》第一百八十五条第一款规定："设立抵押权，当事人应当采取书面形式订立抵押合同。"所以，抵押合同的订立是抵押权设立的必要条件。

1. 抵押合同的当事人

抵押合同的当事人为抵押人和抵押权人。

抵押人是提供财产作为债券担保的一方当事人。抵押人可以是债务人，也可以是第三人。

抵押人须具备以下两个条件：一是须为完全民事行为能力人；二是须对抵押财产有处分权。

抵押权人须为抵押权所担保的主债权的债权人，非主债权人不能成为抵押权人。

2. 抵押合同的内容

依《担保法》第一百八十五条第二款的规定，抵押合同一般包括以下内容：被担保债券的种类和数额；债务人履行债务的期限；抵押财产的名称、数量、质量、状况、所在地、所有权归属或者使用权归属；担保的范围。

（五）抵押权的实现

《物权法》第一百九十五条第一款中规定："债务人不履行到期债务或者发生当事人约定的实现抵押权的情形，抵押权人可以与抵押人协议以抵押财产折价或者以拍卖、变卖该抵押财产所得的价款优先受偿。"依此规定，抵押权的实现须具备以下条件：

1）抵押权有效存在并不受限制。例如，抵押权随同主债权一并为他债权设定质权时，抵押权的实现就受到限制。

2）债务人未履行到期债务或者发生当事人约定的实现抵押权的情形。

3）须于规定期间内行使。抵押权只能于其存续期间行使，抵押权存续期间届满的，抵押权消灭，谈不上实现抵押权。

八、质权

（一）质权的含义和特性

质权是指债权人因担保其债权实现而占有债务人或者第三人提供的担保财产，于债务人不履行债务时，得以其所占有的担保财产的价值优于其他债权人受偿其债权的一种担保物权。设定质权的行为为质押。债务人或者第三人用于质权担保的财产为质权标的，成为质押财产或者质物；占有质权标的债权人为质权人；提供财产设定质权的债务人或者第三人为出质人，又称为质押人。质权包含以下四层含义：

1）质权是在债务人或者第三人交付的担保财产上设定的他物权。质权不仅须在他人财产上设定，而且须在债务人或者第三人交付给债权人占有的财产上设定，而不能在债权人已经占有的他人财产上因债权人的占有而设定。因此，质权通常以出质人移交质押财产的占有为成立要件。移交担保财产的占有，是质权与抵押权的重要区别。

2）质权是担保物权。质权是为担保债权而设定的物权，因而是一种担保物权，而不属于用益物权。质权既然是担保物权，也就是以对标的的价值加以支配并排除他人干涉为内容的，而不是以对标的的使用收益为内容。

3）质权是由债权人占有质权标的的权利。质权以出质人移交质押财产的占有为成立要件，也是以债权人占有质押财产为存续要件的。所以，质权人有占有质权标的的权利。

4）质权是就质权标的的角质优先受偿的权利。质权虽由质权人占有质权的标的，但质权人并不能直接以质押财产抵押其债权，而只能以质权标的的价值优先于其他债权人受偿。

（二）质权的分类

根据质权标的的类别，质权可分为动产质权、不动产质权与权利质权。

动产质权是指以动产为标的的质权。在我国，动产质权是质权的主要形态。

不动产质权是指以不动产为标的的质权。我国不承认不动产质权。

权利质权是指以债权或者其他财产权利为标的的质权。

（三）动产质权的设定

1. 质权合同的内容

质权合同一般包括以下内容：①被担保债权的种类和数额；②债务人履行债务的期限；③质押财产的名称、数量、质量、状况；④质权担保的范围；⑤质押财产交付的时间。

2. 动产质押的成立

质权合同应自依法成立时生效，但质权自出质人将质押财产移交债权人占有时成立。

（四）动产质权的效力

动产质权的效力及于处置动产的从物、孳息、代位物等。

1）从物。质权因质押财产的交付而成立，质权及于从物的效力也因此物的交付而发生，从物未交付的，质权的效力不能及于从物。

2）孳息。我国《物权法》第二百一十三条第一款规定："质权人有权收取质押财产的孳息，但合同另有约定的除外。"这里的孳息应既包括天然孳息，也包括法定孳息。

3）代位物。在因质押财产灭失等原因，出质人受有质押财产代位物时，质权的效力及于该代位物上。

（五）动产质权的实现

动产质权的实现又称为动产质权的实行，是指质权人处分质押财产，以质押财产的变价优先受偿被担保的债权。《物权法》第二百一十九条第二款规定："债务人不履行到期债务或者发生当事人约定的实现质权的情形，质权人可以与出质人协议以质押财产折价，也可以就拍卖、变卖质押财产所得的价款优先受偿。"

九、留置权

（一）留置权的含义

留置权是指债权人合法占有债务人的动产，在债务人不履行到期债务时，债权人为担保其债权得留置该动产，并得就该财产的价值优先受偿的权利。

（二）留置权的成立条件

1. 留置权成立的积极要件

留置权的成立须具备法律规定的条件。这些条件被称为留置权成立的积极要件，包括以下几个方面：

1）债权人已经合法占有一定的财产。

2）债权人占有的财产须为债务人的动产。

3）债权人的债权与债务人的债务间有关联。

4）债权已届清偿期。

2. 留置权成立的消极要件

留置权成立的消极要件是指阻止留置权成立的情形或因素，包括以下几个方面：

1）法律规定或当事人约定不得留置。

2）留置债务人的动产不违反公共秩序或者善良风俗。

3）留置财产与债权人所承担的义务相抵触。

4）留置财产与债务人交付财产前或交付财产时的指示不相抵触。

5）留置财产的价值不应超过相当于债务的金额。

（三）留置权的效力

1）留置权所担保的债权的范围。一般来说，留置权所担保的债券范围为与留置财产有关联的债权，包括主债权及其利息、迟延利息、实现留置权的费用以及因留置财产有瑕疵而产生的损害赔偿等。

2）留置权效力所及的标的物范围。通常认为，应包括主物、从物、孳息以及代位物。

十、优先权

（一）优先权的概念

优先权是指由法律直接规定的特种债权的债权人，就债务人的全部或者特定财产优先受偿的权利。这里要注意的是，优先权为法律直接规定的担保物权。从其法定性上来说，优先权类似于留置权。但优先权不同于留置权，留置权的法定性表现为在具备法律规定的条件时发生，留置权的成立以债权人已经合法占有债务人的财产为前提。而优先权并不以债权人占有债务人的财产为前提，也不是在具备法律规定的条件时发生。

（二）《中华人民共和国企业破产法》上规定的优先权

破产费用和共益费用优先权。依《中华人民共和国企业破产法》第一百一十三条的规定，破产财产在优先清偿破产费用和共益债务后，才清偿其他债务。这也就是说，破产费用和共益债务有优先于其他债券受偿的优先权。

第九节 反 洗 钱 法

一、洗钱的基本概念

（一）洗钱的定义

洗钱是指通过各种方式转换、转移（或转让）、掩饰、隐瞒、获得、占有和使用上游犯罪所得的金钱，以掩饰或隐瞒其收益的真实来源、性质、地点、去向、所有权或其他权利，使其获得表面的合法性而进行的活动或过程。

（二）洗钱的特征

1. 洗钱目的的特殊性

洗钱的主要目的是使犯罪所得尽快"合法化"，消灭犯罪线索和证据，逃避法律追究和制裁，实现犯罪收益的安全循环使用。

2. 洗钱对象的特定性

洗钱的对象是犯罪收益，既包括通过盗窃、抢劫、贩毒、走私、贪污、贿赂等方式取得的犯罪收益，也包括将非法所得的物品变卖出去获取的收益。

3. 洗钱过程的隐蔽性

要实现洗钱的目的，需要洗钱者经过多种中间形态，采取多种方式来完成洗钱行为。

4. 洗钱方式的多样性

洗钱者通过不同的方式进行洗钱，其中，实施复杂的金融交易，通过金融衍生工具进行洗钱尤为突出。

（三）洗钱的阶段

一个完整的洗钱过程一般要经历三个阶段：处置阶段、离析阶段和归并阶段。

1. 处置阶段

处置阶段是洗钱过程的起始环节。在处置阶段，洗钱者对非法收入进行初步的加工和处理，通过这种初步的加工和处理，使非法收入与其他合法收入混合。

2. 离析阶段

离析阶段是洗钱过程的核心环节。不法分子利用错综复杂的交易使非法收益披上合法外衣，模糊非法收益与犯罪收入之间的关系。例如，通过银行、保险公司、证券公司、黄金市场、汽车市场，制造出复杂的交易层次，多次转换或多次交易，甚至采取匿名交易，可以蒙蔽或规避审计，将非法的资金与其来源之间的联系人为地隔断。

3. 归并阶段

归并阶段是洗钱过程的最后环节。在这一阶段，洗钱者把经过离析后、一般人难以觉察其非法来源和性质的财产以合法财产的名义转移到与犯罪集团或犯罪分子无明显联系的合法机构或个人的名下，投放到正常的社会经济活动中。这样，犯罪分子就可以自由支配清洗后的收益，实施新的犯罪。

二、洗钱的基本方式

洗钱的方式有很多，这里主要介绍通过银行等金融机构进行的洗钱活动。

金融体制上的漏洞是洗钱分子得以洗钱成功的一个很重要的原因，国际金融市场则是洗钱分子的主要"战场"。通过银行的洗钱通常有以下方式：

1）在没有实行"实名制"或虽实行"实名制"但制度不完善或没有得到严格遵守的国家或地区，洗钱分子用假名开立账户，银行在不了解客户的情况下成了犯罪分子洗钱的工具。

2）洗钱分子利用他人的账户或者冒用他人名义在银行开立账户。

3）单位多头开户，并将大笔款项转移到境外或从境外转入大额现金付款。

4）开户时，不完整地提供客户资料或提供银行难以查证的客户资料，甚至虚构资料。

5）犯罪分子直接将犯罪收入以现金方式存入银行，再通过各种方式转移到国外。

6）在银行保密制度较严的国家开立账户，存入现金，提出后返回本国。

7）在国际金融市场上，通过金融衍生产品交易进行洗钱。

8）利用假贸易单据通过银行进行大额资金划转。

9）利用电子银行进行洗钱活动。

10）兑换外币。

11）利用银行联合账户。

12）利用保险经纪人。

13）利用贷款方式洗钱。

14）利用期货经纪人参与国际期货交易进行洗钱。

15）利用票据进行洗钱。

16）把金融票据兑换成现金，再把现金转换成银行汇票，以低于报告的限额汇出。

17）通过虚假的证券交易洗钱。

18）直接控制金融机构。

三、反洗钱的定义及反洗钱体系

我国 2007 年实施的《中华人民共和国反洗钱法》（以下简称《反洗钱法》）规定："反洗钱是指为了预防通过各种方式掩饰、隐瞒毒品犯罪、黑社会性质的组织犯罪、恐怖活动犯罪、走私犯罪、贪污贿赂犯罪、破坏金融管理秩序犯罪、金融诈骗犯罪等犯罪所得及其收益的来源和性质的洗钱活动，依照本法规定采取相关措施的行为。"

反洗钱体系是由反洗钱法律制度、反洗钱专门机构、信息提供机构、反洗钱调查机构、洗钱犯罪侦查机关组成的有机整体，各自发挥不同的作用。

（一）反洗钱法律制度

目前很多国际组织将洗钱行为规定为刑事犯罪，世界上主要国家和地区也已基本建立了反洗钱法律体系并在相关的法律条文中直接将洗钱规定为洗钱罪。

我国 1990 年《关于禁毒的决定》第四条就有关于洗钱犯罪的规定。1997 年修订的《刑法》第一百九十一条明确规定了洗钱犯罪的构成要件，并规定了三种上游犯罪类型，即毒品犯罪、黑社会性质的组织犯罪和走私罪，填补了我国刑法上原有罪名体系的漏洞和空白。2001 年 12 月，全国人民代表大会常务委员会通过了《刑法修正案（三）》，扩大了洗钱上游犯罪的范畴。2006 年 6 月，全国人民代表大会常务委员会通过的《刑法修正案（六）》进一步将洗钱犯罪的上游犯罪增列到七种：毒品犯罪、黑社会性质的组织犯罪、恐怖活动犯罪、走私犯罪、贪污贿赂犯罪、破坏金融管理秩序犯罪、金融诈骗犯罪。2009 年 2 月，全国人民代表大会常务委员会审议通过《刑法修正案（七）》，将贪污贿赂犯罪使用范围扩大到国家工作人员的近亲属和已经离职的国家工作人员，进一步拓宽了洗钱上游犯罪的范围。

（二）反洗钱专门机构

洗钱犯罪的专业性、涉及领域的广泛性决定了必须建立专门的反洗钱机构。该专门机构在一国范围内开展统一的反洗钱行动，起着重要的组织、领导和协调作用，主要有以下五个功能：一是分析各种报告数据，发现并追查可疑交易；二是协调并监督反洗钱行动；三是培养社会的反洗钱意识，负责对有关人员进行反洗钱的知识、技能培训；四是指导金融情报机构的工作，交流反洗钱情报和经验，定期磋商有关反洗钱工作的重大和疑难问题；五是负责国际反洗钱合作方面的事宜。

我国是采用将反洗钱专门机构附设在其他机构内的模式，《中国人民银行法》以国家立法的形式，明确规定了中国人民银行作为反洗钱行政主管部门的地位。

中国人民银行具体承办反洗钱行政管理事务的部门是反洗钱局。中国人民银行于 2004 年 6 月成立中国反洗钱监测分析中心，该中心负责收集、分析大额和可疑资金交易报告，按照规定向中国人民银行报告有关分析结果，是我国反洗钱情报专门机构。

（三）信息提供机构

洗钱犯罪与其他犯罪相比，更加具有社会依赖性，即犯罪分子往往通过国内外的金融系统，得到一些企业和个人的配合，经过多个程序和环节才能顺利洗钱，实现犯罪目的。任何金融产品或金融服务及从事金融业务的各类主体，包括机构和个人，都有被犯罪分子利用的可能，因此，金融机构（银行、证券公司、基金公司、保险机构等）是洗钱线索及反洗钱基础信息的提供机构。金融机构及相应的监管机构有法定义务向专门机构及时报告反洗钱信息，依法进行反洗钱刑事司法侦查，它们也有义务提供一切法律要求的必要的信息资料和其他协助。这类机构的重点在于防范洗钱，提供发现洗钱的基础信息资料。

（四）反洗钱调查机构

在我国，反洗钱调查只针对可疑交易活动，对于可疑交易是否需要开展调查核实，由中国人民银行根据案件的具体情况决定。如果认为可疑交易明显与洗钱活动无关，不构成犯罪，或者确认是金融机构工作人员操作失误等引起的问题，没有必要调查核实的，可以不启动调查核实程序。根据《反洗钱法》的规定，反洗钱调查的主体只能是中国人民银行或者其省一级分支机构，反洗钱调查的客体是可疑交易活动。反洗钱调查，广义上讲，是指中国人民银行在履行反洗钱职责的过程中，为实现特定的目的而实施的收集资料、核实信息的行政行为。

（五）洗钱犯罪侦查机关

大部分国家的专门机构受财力、人力的限制，都会将认定可疑的报告移送具有侦查权或调查权的警察机关或司法机关，后续的深入调查、审理、定罪等都由相关单位负责。根据《反洗钱法》的规定，经过中国人民银行或者其省一级分支机构在对可疑交易活动经过调查后，仍不能排除洗钱嫌疑的，应立即向有管辖权的侦查机构报案。由于洗钱罪属于《刑法》第二编第三章"破坏社会主义市场经济秩序罪"中的破坏金融管理秩序罪，按照《最高人民法院、最高人民检察院、公安部、国家安全部、司法部、全国人大常委会法制工作委员会关于〈中华人民共和国刑事诉讼法〉实施中若干问题的规定》中关于管辖的规定，应由公安机关立案管辖，因此，中国人民银行对可疑交易活动经过调查，仍不能排除洗钱嫌疑的，应当立即向侦查机关报案。

四、金融机构反洗钱的必要性

金融机构承担着社会资金存储、融通和转移职能，对社会经济发展起着重要的促进作用，但也是洗钱的易发、高危领域。因此，金融行业是反洗钱的核心领域，处于反洗钱前沿的金融机构承担着预防洗钱和配合职能部门打击洗钱的职能，在金融机构开展反洗钱工作显得尤为重要。

1. 金融机构开展反洗钱工作是维护金融安全、经济安全的需要

洗钱活动在国内外日益猖獗，不仅破坏社会信用基础，也对一国金融行业和社会经济发展造成不可估量的危害。一是动摇社会信用，为金融危机埋下祸根；二是社会财富大量流失境外；三是破坏社会稳定。因此，金融机构开展反洗钱工作是履行社会责任、维护金融秩序和经济安全的需要。

2. 金融机构开展反洗钱工作是依法合规经营的需要

我国《反洗钱法》规定，实施预防洗钱的主体包括金融机构，预防的内容包括建立并实施客户身份识别制度、客户身份资料和交易纪录保存制度、大额和可疑交易报告制度等。同时，金融机构应依法协助、配合司法机关和行政执法机关打击洗钱活动。

3. 金融机构开展反洗钱工作是自身稳健经营的需要

金融机构具有的丰富的金融产品、跨地域甚至全球化的网点以及资金汇划或

转移手段等特点，决定了金融机构成为洗钱的最主要通道。

五、金融机构反洗钱义务

（一）内控制度建设

金融机构反洗钱内控制度建设主要包括以下内容。第一，建立专门的反洗钱部门或制定内设机构负责反洗钱工作。第二，制定内部操作规程，这些操作规程应当覆盖与洗钱风险相关的各个业务流程和操作环节。第三，建立金融机构内部监管部门，对内部反洗钱机构和人员进行监督，对反洗钱工作定期进行内部审计。第四，建立适当的奖惩机制，将反洗钱纳入金融机构员工绩效考核体系，以强化反洗钱工作人员的责任心并激发其积极性。

（二）客户身份识别

金融机构在与客户建立业务关系或与其进行交易时，应当根据法定的有效身份证件或其他身份证明文件，确认客户的真实身份，了解客户的职业情况或经营背景、交易目的、交易性质以及资金来源，杜绝匿名交易。同时，金融机构根据风险管理和审慎经营的需要，以风险控制为导向，对于高风险业务和客户实施更严格的客户身份识别措施，对于低风险业务和客户采取简化的客户身份识别措施。

（三）客户身份资料和交易记录保存

金融机构依法采取必要措施将客户身份资料和交易信息保存一定期限，应当做到：一是保存的客户身份资料和交易纪录应当真实、完整；二是保存的客户身份资料和交易纪录应当符合有关保密和安全的规定；三是保存的客户身份资料应当反映客户身份识别的过程和结果，保存的客户交易资料应足以再现该笔交易的完整过程；四是保存的客户身份资料和交易纪录应当符合法律规定的期限要求。

（四）大额和可疑交易报告

大额交易报告是指金融机构对规定金额以上的资金交易依法向中国反洗钱监测分析中心报告。可疑交易报告是指金融机构按国务院反洗钱行政主管部门规定的标准，或者怀疑、有理由怀疑某项资金属于犯罪活动的收益或与恐怖分子筹资有关，应按照要求立即向中国反洗钱监测分析中心及中国人民银行当地分支机构报告。

（五）配合反洗钱调查

对中国人民银行的反洗钱调查，在符合规定程序的前提下，金融机构有配合的义务。一是配合调查义务，即在调查过程中，在合理的范围内提供必要的人员、技术和设备支持，按要求向调查人员说明情况，协助查阅、复制、封存有关文件、资料；二是如实提供信息义务，对被调查的可疑交易活动，如实提供相关的文件和资料，不得弄虚作假；三是不得拒绝和阻碍，即不得以明示（拒绝）或默认（阻碍）的方式不履行配合调查的义务。

（六）保密

金融机构有保守反洗钱工作秘密的职责。金融机构按照规定，向有关部门或机构履行报告义务后，不得以任何方式向客户或其他第三人泄露所报告的内容或者告知其自己已经向有关部门或机构提供信息的事情，或透露自己知晓的反洗钱调查工作情况。金融机构应将保密的要求贯彻到各个业务操作环节，明确不同岗位的保密责任要求。

（七）反洗钱宣传和培训

金融机构反洗钱宣传的对象主要是其客户以及潜在客户，可以通过员工与客户直接接触、派发反洗钱宣传手册、在开户申请资料或合同中增加洗钱风险提示条款、设立咨询热线等方式进行。

金融机构可以结合自身的情况确定反洗钱培训的具体形式和方式，包括定期培训和不定期培训、面授培训和网络培训等。

► 案 例

2006 年 7 月初，张某要求潘某为"阿元"转移网上银行诈骗的钱款，按转移钱款数额 10% 的比例提成给潘某。潘某表示同意并告诉了与其同居的祝某。此后，祝某联系了龚某，潘某联系了李某，要求李某、龚某帮助转移钱款，并将钱款的来源和性质告诉了两人。

为帮助"阿元"转移赃款，潘某、祝某从卡贩子杜某处以 150 元左右一张的价格购买了大量的银行卡。此后，"阿元"通过非法手段获取多名网上银行客户的银行卡卡号和密码等资料，然后将资金划入潘某通过杜某办理的 67 张银行卡内，并通知潘某取款。潘某和其余三名被告人通过 ATM 机或者银行柜面提取现金，扣除事先预订的份额，然后按照"阿元"的指令，将剩余资金汇入"阿元"指定的账户内。经查，"阿元"划入上述 67 张银行卡内共计人民币 100 余万元，这些银行卡还被通过汇款的方式注入资金共计人民币 17 万余元。潘某、祝某、李某、龚某于 2006 年 7～8 月，使用上述 67 张银行卡和另外 27 张银行卡，通过 ATM 机提取现金共计人民币 108.6 万元，通过柜面提取现金共计人民币 7 万余元。

2006 年上半年，中国工商银行上海市分行通过监控反洗钱可疑交易发现 27 个个人账户存在重大洗钱嫌疑。2006 年 7 月 20 日，中国工商银行上海市分行根据中国人民银行反洗钱规章规定，向上海市警方报案。2006 年 9 月 29 日，犯罪嫌疑人潘某、祝某、李某、龚某 4 人被上海警方以涉嫌信用卡诈骗罪逮捕，警方追缴赃款共计人民币 38.4 万元。公益诉讼机关经过审查后，认为潘某等人明知是犯罪所得，为掩饰其来源和性质，仍提供资金账户并通过转账等方式协助资金转移，其行为构成洗钱罪。2007 年 10 月 22 日，某人民法院对该案一审宣判，判决潘某等 4 名被告人犯有洗钱罪，刑期为一年三个月到两年有期徒刑不等。

【案例分析】

在本案例中，潘某等 4 人的洗钱犯罪过程主要包括以下几个步骤：

1）潘某于 2006 年 7 月初，通过张某的介绍和"阿元"取得联系，商定由潘某通过银行卡转账的方式为"阿元"转移从网上银行诈骗的钱款，被告人潘某按转移钱款数额 10%的比例提成。

2）潘某纠集了被告人祝某、李某、龚某，并通过杜某收集多人的身份证，由杜某办理了大量银行卡并交给潘某、祝某。

3）由"阿元"通过非法手段窃取多名受害人网上银行卡号和密码等资料，然后将资金划入潘某通过杜某办理的银行卡内，并通知潘某取款。

4）接到"阿元"通知后，潘某、祝某、李某、祝某通过 ATM 机和柜面提取现金，扣除事先约定的份额，然后按照"阿元"的指令，将剩余资金汇入指定账户内。

小　　结

本章主要介绍了金融法的基本原理、金融法的基本制度、我国主要金融法律的内容以及相关领域国外立法状况，介绍了中国人民银行的法律地位、货币政策、金融监管的主要内容、监管职责等内容，从《商业银行法》所规定的内容看，主要是规范商业银行的行为，保障商业银行稳定运行的规定，这是制定《商业银行法》的最直接目的。《保险法》对保险合同的内容进一步规范和解释，规定了保险人和投保人及被保险人的相关的权利和义务，进一步加强了对投保人和被保险人权益的保护。《担保法》能够促进资金融通和商品流通，保障债权的实现。《反洗钱法》能够预防洗钱活动，维护金融秩序，遏制洗钱犯罪及相关犯罪。

第四章

金融企业文化

第一节　金融企业文化概述

随着金融体制改革的不断深化，金融行业面临的市场竞争越来越激烈。银行要想赢得竞争权，若在粗放外延扩张上做文章就难操胜券，必须实施文化策略，用一种昂扬向上的理念去支撑银行经营管理，完善金融服务，提高员工素质，提升竞争层次与竞争品位，从而获得长久、强大的竞争力和发展后劲。这就需要建立现代金融的企业文化。

什么是企业文化？简言之，就是企业在长期的实践中逐渐形成的某种文化观念和历史传统，具有共同的指导思想、道德准则、价值取向、行为规范、思想信念、群体意识、经营目标、努力方向等。其内涵主要包括三个方面：讲求经营之道、培育企业精神和塑造企业形象。作为服务性企业的金融行业，我们认为其企业文化建设的基本内容主要由以下几个方面构成。

一、金融企业服务文化

金融企业的社会影响比较集中地通过其服务环节表现出来，服务是金融企业突出的特点。金融服务是一种整体性的文化现象，制定金融企业文化战略要特别强调服务文化的战略。尤其是在当前我国各家金融机构都通过高科技的服务以满足各方面客户的需要，但仍不能完全适应现实的情况下，提高服务质量就处在一个十分突出的地位。一家金融机构服务得好，首先是由于这家金融企业职工的文化品位高，文化素养好；金融企业服务差，也说明这家金融机构及其职工的文化素质差。服务与文化是分不开的，只有有了较高的文化素养，才能有较高的服务。因此，金融服务实质上是一种文化服务，从而构成金融企业服务文化。

（一）金融企业服务文化的主要标志

金融企业服务文化的标志主要体现在以下几个方面：一是优质；二是文明；三是高效。

1. 优质服务

优质服务是金融企业经营管理水平、员工职业道德水平，以及文化和文明程度的综合反映。各级各类金融机构不仅是在经营货币商品，更主要的是在营销自己的服务，依靠高质量的服务立足于社会，依靠卓越的服务取信于客户。许多金融机构都把"追求一流"作为自己开展业务的准则。通过优质服务，取得"最佳"的社会效益和经济效益，优质服务就是追求"最好"。

2. 文明服务

文明服务主要体现在礼貌待人、真实诚恳、容忍得体、善为人谋、讲求信誉、以理服人等方面。文明服务与"不耐烦""门难进、脸难看、事难办"是不相容的，更不能与客户顶撞、吵架。文明服务要求职工与顾客之间相互尊重、相互信任，出现问题时要耐心解释。

3. 高效服务

高效服务主要是指高效率和高效益，具体表现为以下几个方面：

1）快捷，就是办理业务简捷快速，缩短办事时间，减少顾客等候时间。

2）细致，就是进行深入细致的调查研究，摸清情况，不使客户受损。例如，保险理赔是一项非常细致的工作，要合理赔偿，既要做到该赔的必须赔，又要做到合理定损，降低赔付率。

3）准确，就是不出差错，这是涉及金融单位信誉的大问题。金融单位不能因快而出错，而是要既快又准，既不能使顾客受损失，也不能使国家或本单位受损失。

4）周到，就是设身处地为顾客着想，尽量满足客户的需要。

5）便利，就是尽量给顾客以各种方便。

（二）金融企业服务文化的营造

1. 树立明确的服务观念

1996 年年初，中国人民银行在全国金融系统开展"四讲一服务"活动，引起各级金融部门的普遍重视，把搞好服务作为立行之本，"服务立行"的思想深入人心。服务立行，就是要摆正金融部门与社会、客户的关系，帮助个别职工清除"客户有求于我"的潜意识，真正认识到金融企业从根本上说是为客户服务的。

2. 从窗口文明抓起

柜台、窗口，是金融企业的脸面，是金融企业与客户打交道的最直接、最广泛、最经常的地方。窗口服务主要抓两条：一是金融企业职工的服务态度；二是语言文明。

3. 从窗口延伸

文明服务一开始从窗口、从语言做起，但是金融企业整个服务不仅仅是窗口、柜台、语言的问题，而是要由窗口、柜台延伸到它所能涉及的社会各个方面。

4. 实现规范化管理

实现规范化管理，建立健全必要的制度，是使优质文明服务活动深入持久开展的有效保证。例如，有的金融机构把各项服务规范、考核办法汇编成册，让全行员工规范自己的言行。

5. 加强监督检查

为了使文明优质服务持之以恒，一些金融部门采取措施，把服务标准、服务质量直接置于客户群众监督之下，增强金融监督的服务意识，寓监督于服务之中。

二、金融企业竞争文化

金融企业的竞争具有多样性和广泛性，主要包括资金、经营项目、技术装备等实务方面的竞争和企业服务、企业形象等精神文化方面的竞争两大类，这里着重就精神文化方面的竞争进行介绍。

（一）服务竞争

金融企业作为一个服务机构，其服务如何，自然就成为竞争的一项重要内容。服务主要体现为：服务意识，是否有全心全意为顾客服务的思想；服务工具，是否能够不断创新，以适应社会和公众的需要；服务技术，是否熟练、快速、准确、安全，并不断应用新技术；服务态度，是否热情诚恳、礼貌待人、与人方便；服务道德，是否诚实正派、取信于人等。

（二）环境竞争

随着人们精神和物质生活水平的不断提高，其消费观念也在发生新的变化，悄然掀起了一股消费文化的新潮流。人们在繁忙紧张的工作之余，到金融部门去办理业务，希望能在一种清新、优雅、闲适、方便的环境下进行，而不是在杂乱无章的环境中进行。这种以优化环境和美化环境为内容来开展竞争，招揽顾客，已日益成为企业开展竞争的一种有效方法和发展趋势。

（三）形象竞争

金融企业形象是指社会公众在长期实践中对金融企业的总体印象和评价。具体内容在本节第三部分中会详细阐述，这里不再赘述。金融企业在竞争中要注意树立这方面的形象。

（四）人才竞争

金融企业的各种创新活动、优质服务，归根结底都需要通过人来实现，人是各种竞争活动的最终内容，各种金融活动都要以人为载体，这也是企业文化所要研究的核心内容和主旨。许多金融企业都把广纳人才、发掘人才作为开展竞争的必要内容，对现有人员通过各种途径培育提高，在用人制度上作了许多改革，以有利于人才的成长，开展持久的竞争。

（五）管理竞争

现代金融企业要求实行科学管理。科学管理依靠由各类专家组成的管理集团，使管理活动在各有分工的基础上持续进行，形成管理的专门化。管理的专门化又必然要求管理的规范化，即企业中的每个人都按照一定的规范来进行工作，有条不紊，明确具体。

三、金融企业形象文化

（一）金融企业形象的构成和内容

金融企业形象具体有以下几种形象：①信誉形象，包括良好的服务态度、先进的服务方式、丰富的服务内容、广泛的服务范围、合理的服务价格，以及诚实守信、对客户负责等；②组织形象，有一个健全、精干、灵活、高效的组织机构，实现决策科学化、管理指标化、制度程序化、行为规范化；③风纪形象，主要是指风格和纪律；④环境形象，包括企业的工作环境、学习环境、生活环境等；⑤领导形象，坚持四项基本原则，高度的社会政治责任感和事业心，善于决策指挥，与职工同甘共苦，作风民主，讲求实效；⑥社会形象，为社会公益事业谋福利等。

（二）金融企业形象的塑造

金融企业的形象不是靠自发产生的，而是需要依靠企业领导人员和全体职工的共同努力来塑造。

1. 内塑造和外塑造

金融企业的内塑造主要是指金融企业的内部管理，特别是其内在精神的体现，诸如金融企业的经营思想，职工的精神面貌、工作效率、价值取向等，总体能够反映出这家企业的管理水平。

金融企业的外塑造主要是指企业的一些外表形象，如企业的外观、环境、公共关系、接待、服务等。金融企业很注意自身的外部形象，例如许多金融机构的办事地点都是高楼大厦，富丽堂皇，库房坚固，气宇非凡，员工服饰整齐，清洁卫生，设备完善，能够极大地赢得社会公众的信任感。

金融企业的内塑造和外塑造是相辅相成的，二者相互联系、相互作用，有内有外、内外结合，相得益彰。

2. 特制塑造和整合塑造

特制塑造就是塑造本单位经营的特点、特色；整合塑造则是指塑造本单位的综合性、整体性的形象，使客户对本企业有一个全面的了解，以便开展各项业务。

3. 优势塑造和定型塑造

优势塑造即从塑造本单位优势、长处方面，来体现本单位的形象；定型塑造就是要使自己的优势定型化，使自己的优势能保持长久，深入人心。

4. 模式塑造和群体塑造

模式塑造就是通过本单位的劳动模范、英雄人物等，宣传他们的先进事迹，来塑造本企业的形象；群体塑造就是通过职工整体来塑造本企业的形象。

四、金融企业民主文化

（一）金融企业要把实行民主管理作为一项制度制定下来

实行职工民主管理是现代企业管理制度的重要特征之一。改革开放以来，企业实行"三长负责制"，即厂长行政负责，党委监督保证，职工民主参与。金融企业与生产企业一样也实行职工代表大会制度。职工代表大会有五项基本权利，即对企业重大决策的审议权；对关系职工切身利益的规章制度（如分配制度等）的决定权；对有关职工福利等重大事项的审议决定权；对企业各级领导人的评议、监督权及建议任命、奖励、惩罚、罢免权；对上级主管部门的建议权。这五项权利受到法律的保护。金融企业领导要把职工的这些基本权利明示于众，使每个职工都知道自己有这个权利，而不是简单地认为实行经理、行长负责制，一切就都是行长、经理的事，从而真正地树立起"行兴我荣、行衰我耻"的观念，在日常工作中"想主人事，操主人心，干主人活，尽主人责"。有了这样一些基本的制度规定，职工参与企业管理才能真正落到实处。

（二）开展批评与自我批评

发扬民主并不是不要批评，相反，需要更好地开展批评与自我批评，才能更好地发扬民主。真理愈辩愈明，通过开展批评与自我批评，坚持正确的，纠正错误的。金融是党的事业、人民的事业，它的工作牵涉到千家万户，不仅要在行内开展批评，更要虚心接受群众的批评，定期听取群众的意见、建议，这对于改进本部门的工作有极大的好处，事实上，许多银行的工作正是在群众批评中前进的。

领导者首先要经常带头作自我批评。领导者经常或定期检查自己的工作，进行自我批评，这是在本单位开展批评与自我批评、发扬民主的关键。

每一个金融企业职工也都要有这样一种精神，即为了改正缺点、改进工作，而欢迎别人对自己提出批评，每个人也要多作自我批评，在单位中形成一种良好的开展批评与自我批评的风气。

（三）坚持民主集中制原则

金融企业实行民主管理，既要有民主，又要有集中，即民主基础上的集中，集中指导下的民主。

金融企业的民主从实质上说就是进行调查研究，在深入了解实际情况的基础上集思广益；集中则是单位领导把各种不同意见融合成为一种真正代表民意的、可行的决策或决议，并付诸实施。民主与集中是并行不悖的，是相辅相成、辩证的统一。如果只有民主，没有集中，则领导就无法进行工作，单位就会成为一盘散沙，无所适从；只有集中，没有民主，就会变成少数人的独断专行。所以民主集中制是为了更有秩序、更有效率地工作，只有在充分发扬民主基础上的集中，才是最强有力的民主。

（四）认真对待群众意见

单位领导对职工群众的意见要及时进行研究，能采纳的及时采纳，使职工觉得领导上是真想听取群众意见，不是搞形式，从而激发职工提意见的积极性，使民主真正起到实效。有些由于条件不成熟，或者其他客观原因，一时不能实现的，要给予解释，切不能对群众意见置之不理，使群众增加疑虑。

对待群众的意见、建议，要注重质量，而不是仅求数量，不要单纯地统计群众提出了的意见数量等，更不要搞运动式的民主管理，一定要实事求是，求得实效。

（五）强化民主监督机制

为了保证民主管理制度的实施，需要建立监督机制，主要有以下几个方面：

一是建立行风评议制度，这是为了纠正行业不正之风的一种经常性、群众性的民主评议活动，便于发现问题，随时纠正，建立职工群众民主评议与组织考核相结合的制度，强化监督制约机制。

二是增加工作的透明度。对一些职工十分关注和敏感的问题，如奖金的分配等，增加透明度，让职工进行监督实施。

三是设立公开的投诉箱或举报站，定期开启，并把群众投诉举报的问题和处理的结果反馈给群众。

四是加强外部监督。例如，聘请社会人士对金融工作进行监督等。

五是充分发挥各种组织的桥梁、纽带作用，如工会组织等的作用。单位领导要尊重和支持这些组织依法独立自主地开展工作，保护职工的民主权利。

（六）充分发挥工会组织的作用

金融工会起到引导群众参政议政的作用。新时期金融工会工作的着力点，就是要处理好工会的参与、维护、建设、教育四大职能的关系，围绕金融经营机制的转变，强化工会的参与职能，突出工会的维护职能，完善工会的建设职能，深化工会的教育职能。要把深化民主管理纳入金融企业的转轨过程中，内容主要如下：①提高认识，转变观念，坚信广大金融企业职工是办好金融事业的中坚力量，发挥职工的工作积极性和创造性，自觉行使民主权利；②发挥职工代表大会参与金融企业民主管理的主渠道作用，进一步落实职工代表大会的职权，健全职工代表大会的组织机构和制度；③利用工会与行政的民主信箱等，建立和健全多种形式的民主管理形式；④组织职工参政议政，审议全行（公司）重大的经营决策；⑤从法律规章、金融业务、经营管理、民主管理等方面开展教育培训工作，尽快提高民主管理的综合素质和管理水平。

五、金融企业职业道德文化

职业道德，是指随着社会分工的出现，人们分别在某个特定的行业中生活，或从事某种职业，在这个行业或职业中的员工有着共同的劳动方式，接受着共同的职业训练，具有共同的职业兴趣、习惯、心理传统等，结成某种特定的关系，形成某种特殊的职业责任和职业纪律，而产生某种特殊的行为规范和道德要求。

（一）金融职业道德规范

金融职业道德就是金融行业应该遵循的准则，是对金融职业道德文化的集中概括和基本要求，是体现金融企业内部及外部各方面的利益关系、判断全体金融企业职工行动的是与非、好与坏的标准。

1）爱岗敬业，忠于职守。

2）执行政策，熟悉业务。

3）笃守信誉，诚实经营。

4）热情服务，优质高效。

5）公正廉洁，不谋私利。

6）临危不惧，敢于斗争。

7）坚持原则，遵纪守法。

8）团结协作，顾全大局。

9）开拓进取，勇于创新。

10）互帮互学，共同进步。

（二）金融职业道德文化与精神文明

金融职业道德文化与精神文明有着密切的关系。实际上，金融职业道德建设是精神文明建设的重要内容，是精神文明在金融部门的具体表现，是金融企业文化建设的一个重要方面。因此，着重介绍精神文明建设的必要性。

1）明确精神文明建设的目标、要求。建立一个高度民主、高度法制、高度文明的社会主义现代化国家，这可以说是我国精神文明建设的总目标、总要求，各行各业，包括金融部门的精神文明建设也必须围绕这个基本的目标、要求进行。

2）精神文明重在建设。就是要以立为本，持之以恒，贵在落实，务求实效。

3）依靠群众搞好精神文明建设。社会主义精神文明建设是一项群众性的事业，要深入开展群众性的精神文明创建活动，创建行业文明活动。

4）根据青年人的特点搞好精神文明建设。

5）制定各项具体的精神文明建设措施。

六、金融企业制度文化

企业制度表现为企业中人与人之间在生产经营活动方面正式交往行为和人与自然之间正式交往行为的、共同遵守的工作程序、活动准则、行为规范等。制度文化既是指制度是一种文化或文明行为的象征，又是指制度是在一定的文化和文明的基础上制定的，它实质上就是规范管理行为，建立起规范的管理秩序。金融企业制度同样是一种文化和文明行为的体现，它在金融部门的组织领导和管理中居于十分重要的地位。

（一）金融企业制度文化的建立

1）必须以服从和服务于整个国家和集体利益为前提。

2）适应社会经济发展的需要。

3）坚持适用、方便的原则。

4）制度也要有层次。

5）把金融企业制度建设融入职工的价值观中。

6）与国际金融制度接轨。

（二）金融企业制度文化的建设

金融企业制度文化的建设要坚持以下几个方面的结合：

1）自觉性与强制性相结合。

2）原则性与灵活性相结合。

3）理论性与实用性相结合。

4）普遍性与特殊性相结合。

5）经济性、法律性与行政性相结合。

七、金融企业法制文化

金融法制，即指由国家或主管部门制定的金融法律、法规、法令制度，它从法律上赋予金融部门以一定的权利和义务，规范金融有关方面的行动，由全体人员共同遵守执行。金融法制是一定时期金融部门所要达到的文明和文化程度的法律体现。金融企业只有按照法律和法规制度办事，才能获得社会的认可和法律的保护，使金融活动在较高的文明提升和文化品位下进行。我国金融法制建设的任务和要求有以下四点：

1）树立法制观念，坚持学法、用法。特别是各级金融部门的领导，必须熟练地掌握履行领导职责所必需的基本法律知识和经济、金融法律、法规的基本知识，正确运用法律手段去保证和促进金融事业的健康发展。要搞好法制教育，在全体金融企业职工中开展普及法律法规的教育，以增强全体金融企业职工的法律法制意识。

2）加强普法组织的领导和管理。各级金融部门要建立健全普法组织领导机构，建立普法目标责任制，落实目标管理。抓好干部队伍建设，配备素质高、能力强、懂法律、敢管理的人才，充分调动干部的工作积极性，并要加强干部的责任，建立考核办法。

3）大力向社会宣传金融政策法规，营造良好的维护金融法制的氛围。金融是经济工作的"血液"或"命脉"，是市场经济的重要组成部门。金融部门的法制宣传要面向社会，面向群众。通过加强对社会各界的有效宣传，在各地政府和企业间形成知法、执法的良好气氛，金融法制便易于推行。

4）进一步健全完善金融法规体系。我国金融法制建设要在现有框架的基础上进一步健全和完善。今后一个时期的金融立法工作，要根据金融改革、金融监管，以及金融创新的要求，将重心转向尽快制定与金融法相配套的法规方面。中央银行要把金融立法与金融监管紧密结合起来，通过建立起比较完整的、多层次的金融监管法律体系，加强对金融机构的监管，以防范系统性或区域性的金融风险的发生，维护金融业的合法、健康经营。

八、金融企业群体文化

金融企业的每个职工都生活在这个企业中，即生活在这个群体中，每个职工都是这个群体的一分子，每个职工都在这个群体中工作、学习和生活，为同一个目标、任务而努力奋斗，否则这个群体必然是涣散、软弱、无力的。因此，金融企业的每个职工都要正确认识自己在群体中的地位、作用，每个人都要增强群体意识，把个人与群体的关系摆正、处理好，才能推动金融事业的发展。

金融企业的群体文化表现为一种"士气"，即这个企业的全体"战士"对这个群体的认同感，愿意为这个群体出力效劳，追求同一个目的或目标，推动金融事业的发展。

（一）金融企业群体文化的内容

1. 共同的职业理想

金融企业群体文化的内容，首要的是全体金融企业职工都有共同的职业理想，并为实现这个理想而付出辛勤的劳动。

2. 共同的利害关系

金融企业职工在同一个企业单位工作，就有一种共同的群体利害关系，实际上就是一种利益共同体。这种群体利害关系主要体现在企业的经营效益与工资、奖金、福利待遇的紧密结合上。企业经营的效益是和企业群体的效益以及职工的切身利益紧紧地捆在一起的。充分调动每一个金融企业职工的工作积极性、主动性，以寻求金融企业的发展，也是为了提高职工自身的利益，这正是金融企业群体文化的重要内容。

3. 共同的荣誉观

金融企业职工都要竭尽全力来维护本单位的荣誉，如果在个别工作上有失误，必须作出补救。

4. 共同的安全意识

共同的安全意识是群体文化的特有内容，这种安全感包括职业安全感和生活保障。

（二）金融企业群体文化要提倡的精神

1）谦逊礼让精神。
2）尊重谅解精神。
3）互补互助精神。
4）合作共享精神。

九、金融企业需求文化

需求是人类生存和发展的一种本能，是人的一种主观状态。作为企业职工，都会有某种方面的需要。企业单位要调动企业职工的积极性，就需要很好地研究职工群众的各种需求，切实解决这种需求。有的单位把满足职工的需求作为一种激励机制，提出激励理论。研究金融企业职工的需求，对于进一步做好金融工作有很大的推动作用，这是企业文化的重要组成部分，也是金融企业文化的重要组成部分。

金融企业需求文化的类型主要有以下几种：

1）福利类。主要是通过增设多种福利设施，举办各种福利活动，使职工生活生动活泼、丰富多彩。关心"四子"问题，即孩子、房子、票子、车子等，解决职工的后顾之忧。改进劳保福利设施，提供必要的劳保用品，使职工安居乐业努力工作。

2）文体类。金融企业职工大部分时间坐在办公室，时间长了，容易导致腿脚不灵或是颈椎病，影响身体健康。为此，各级金融部门要十分重视开展群众性的业余文娱体育活动，使之能以更充沛的精力投入工作中。

3）信息类。金融部门各级领导要及时传达上级有关的方针政策、会议精神、计划设想等，要相信职工，让职工参与有关的会议，阅读有关的资料，开展深入的研究讨论。

4）科技类。金融企业的许多工作岗位都是带有技术性和技能性的，金融企业要认真组织先进经验的学习、借鉴、观摩活动，开展各种技术比赛、智能比赛，以提高职工学习技术的兴趣和信心，把整个行业的技术素质和技能水平提高一步。

5）环卫类。一个金融企业的环境卫生状况如何，是这个企业职工精神面貌的反映。良好的环境卫生，有利于职工集中精力做好工作，提高工作效率，减少差错。

6）益智类。主要是启发职工的智力，增加职工的学识，以提高职工的工作能力。

7）增识类。就是增加见识，如组织参观、游览、观光、访问等。

十、金融企业物质文化

金融企业物质文化，即物质化的金融企业文化。随着时代的进步，科学技术的发展，这里说的物质文化已经远远超过企业厂房设备、基础设施等一般意义上的物质资源的管理与营运，而更多的是指新技术的运用，新金融工具的推出，金融市场、交易方式的创新，金融领域的开拓，金融管理的改进，金融效率和效益的提高，以及为社会、客户服务质量的极大提高和改善上，是金融企业文化物化形态的表现，越来越多地受到社会各界和金融部门的广泛关注。20世纪80年代以来金融新技术革命或者说金融创新，大体上包括以下四个方面的内容：

1）金融产品和工具的创新。主要有四大类，即股权类、债务类、衍生类和合成类。股权类指在公司股票的基础上产生的一系列变种形式的产品，如优先股等。债务类金融产品名目繁多，如可转让定期存单、回购协议等。衍生类金融产品是依靠某种资产作为基础资产来表现其自身价值而派生出来的，如远期契约、期货、期权、互换等。合成类金融产品则具有各大类金融产品的混合特征，如可转换债券与股票期权的混合使用等。

2）金融技术的创新。电信和计算机技术的应用使金融业全面电脑化，改变了传统业务程序，提高了结算速度，加速了资金周转。主要表现为三个方面：一是自动服务系统，主要是自动柜员机（自动存取款机）、结算卡、信用卡等；二是自动清算系统；三是电子通信系统。

3）金融机构职能和金融市场创新。银行和非银行金融机构的传统界限日渐消失，金融机构的职能向多功能、全方位的方向发展，许多国家的商业银行成为"全国金融服务公司"。随着金融创新的发展，各国都经历了一个放宽和取消金融管制的过程。

4）金融服务的创新。特别是银行表外业务迅速发展，即银行利用现有技术设备实行规模经营，取得收益，但不在资产负债表上反映出来的一种服务活动，如租借业务、贷款组织的转让业务、信托与咨询服务、经营或代理业务、支付服务、清算服务、进出口服务等。

十一、金融企业职工素质文化

我国社会主义金融事业需要有一大批高质量的金融管理人才，即金融家队伍。金融家对金融企业所起的作用主要在于：对本企业全面、准确地贯彻党的金融方针政策等起领导作用；对本企业的经营方针和目标策略的制订、运行起决定或参谋作用；对本企业人员的思想观念和作风建设起引导作用；对金融业务的开发创新、新技术的应用起指导作用；对本企业各部门的合理构建、人员配置起统筹策划的作用；对充分调动全体职工的工作积极性起督导作用；对本企业健全各项规章制度、依法经营起保障作用。

（一）对金融家素质的基本要求

1）政治思想和道德品质素养。首先，必须坚持正确的政治方向、崇高的理想信念，坚决执行党的基本路线、基本理论何各项政策方针，坚定地走建设有中国特色的社会主义道路，要有全心全意为人民服务、为社会作贡献的观念；有强烈的事业心、高度的社会责任感和艰苦奋斗、清正廉洁、公而忘私的品格。

2）政策业务理论素养。金融家必须坚决贯彻执行党的金融、经济方针政策，并要理解这些方针政策制定的背景，自觉地执行而不是被动地执行，这样才能把政策执行得更好。必须把这些政策吃透，用马克思主义的基本理论来指导实践，分析、研究、解决工作中的实际问题，才能领导本单位职工执行好政策。金融家必须熟悉各项金融业务，了解其性质、作用，了解各个岗位的职能、任务及各个环节的联系、关键、要害。

3）科学技术文化素养。作为一个金融家，不仅要有社会科学知识，而且要有自然科学知识，如数学、物理学及相关的信息技术知识，否则将难以胜任领导职务。

4）组织管理素养。金融家大多担任着一定的领导职务，因此他必须具有一定的管理、决策、组织、协调和监督的才能，如要有统帅全局、驾驭全局工作的能力，能够正确地提出金融的战略思想、制定正确的方针策略和目标措施，能够权衡利弊、高瞻远瞩、深入实际、协调指挥、多谋善断、运筹帷幄、改革创新、随机应变、平等待人、处理好各种人际关系、充分调动全体人员的积极性。

（二）提高金融家素质的途径

1）善于学习。对于一个金融家来说，要提高素质，学习是最重要的，而且对其学习的要求比之一般工作人员要高。

2）勇于实践。要注意调查研究，理论联系实际。金融家只有在实际活动中锻炼自己，才能增长才干、提高素养、改进作风，处理好各种各样的事情。

3）认真总结。金融事业的进步，总是在不断总结经验的基础上取得的，成功了要研究成功的原因，失败了要研究失败的教训。

4）接受监督。金融家归根结底是人民的公仆，是为人民服务的，应该知道怎样使用自己手里的权力，什么权可以用，什么权不能用，在行使职权时接受组织和群众的监督。虚心接受群众的意见和监督，这本身就是领导素质的一种表现。

第二节　金融企业文化的案例解读

一、中国银行的企业文化

中国银行诞生于中华民族觉醒之时，成长于内忧外患之中，发展于新中国成立之后，壮大于改革开放以来。作为一家历史悠久的银行，中国银行追求卓越、历久弥新，为实现中华民族的强国之梦百折不挠、奋斗不息。

21 世纪以来，特别是实施股份制改革和成功上市之后，中国银行牢固树立发展是第一要务，以人为本，全面、协调、可持续的科学发展观，在弘扬中华民族和中国银行优秀传统文化的基础上，借鉴国内外优秀企业文化成果，以诚信经营为基础，以提升绩效为宗旨，以增强责任为核心，以学习创新为动力，以促进和谐为目标，追求卓越，努力建设理念先进、内涵丰富、特色鲜明的中国银行企业文化，推进各项事业又好又快发展。

（一）中国银行核心价值观的主要内容

文化是生产力。优秀的企业文化有利于提高企业整体合力，增强企业核心竞争力。中国银行的全体员工，通过文化的认同，实现思想的共鸣；通过观念的整合，实现力量的凝聚；通过行为的规范，实现整体的和谐。全体员工秉承共同理念，团结合作，求实创新，汇聚个人价值以提升银行价值，促进银行发展并实现自我成长，共同为银行兴盛、国家繁荣、社会进步贡献力量。

核心价值观是企业的根本信仰和原则，是企业成员的共同理想和规范。中国银行追求卓越，构建"诚信、绩效、责任、创新、和谐"的企业文化。

中国银行，百年品牌，立足全球化、多元化业务平台，创建国际一流银行，实现又好又快持续发展。追求卓越主要体现在如下四方面：对社会，中国银行是实现和谐进步的最佳成员；对股东，中国银行是实现投资价值的最佳选择；对客户，中国银行是实现互利共赢的最佳伙伴；对员工，中国银行是实现职业理想的最佳平台。

此外，诚信、绩效、责任、创新、和谐是对追求卓越形成有效支撑的五个方面，与追求卓越并称为中国银行核心价值观。

中国银行企业文化建设在追求卓越的核心价值观统领下，大力倡导和弘扬诚信至上，绩效优先、尽职尽责、勇于创新、和谐共赢的理念，推进中国银行各项事业持续发展。

（二）中国银行核心价值观的具体内容

1. 诚信

诚信，就是诚实守信、求真务实。诚信是银行发展的根本，是个人品德的基石，是客户关系管理的原则。要做到依法合规，遵循商业规则；清正廉洁，秉持职业操守；恪守信用，维护银行信誉；同事之间相互信任，相互支持。

（1）诚信提倡的行为

1）组织要建立信誉品质，以商业规则自律，践行对社会、股东、客户、员工及相关利益者的信用，履行承诺，得到组织内外各方面的高度信赖。具体说，对社会的诚信，就是要依法合规经营，有效控制风险，确保资产的精良；对股东的诚信，就是使银行始终保持精益管理、健康发展，以骄人的业绩实现股东价值的最大化；对客户以诚相待，通过精致的产品、精湛的服务，与客户建立紧密的、长期稳定的合作关系；对员工要以诚相见，使员工自觉地与银行结成命运共同体。

2）各级管理者要带头做诚信的典范，以身作则，恪守承诺，示范到位；在团队中要努力营造讲诚信的浓厚氛围，鼓励诚信，坦诚相待，公平公正，引导到位；在与社会、客户的交往过程中要以诚信为本，尊重客户，尊重对手，公平竞争，实践到位。

3）全体员工要恪守职业操守，自觉做到对客户诚信、对同事坦诚、对岗位热诚、对组织忠诚。

4）在集团内部的团队之间、员工之间以及团队与员工之间建立真诚相处、坦诚相待和相互尊重、相互信任、团结互助的人际关系和工作关系。

（2）诚信反对的行为

1）失信于组织，失信于客户，失信于同事的人格缺失行为。

2）为赢得客户做虚假承诺，为暂时业绩转嫁风险，为即期财务结果降低质量，为眼前盈利影响科学全面发展的操守缺失行为。

3）违反中国银行的行为规则，为达到个人目的投机取巧，隐瞒真相，误导他人的道德缺失行为。

4）捕风捉影，凭空猜疑，不信任组织、团队、同事的品格缺失行为。

2. 绩效

绩效，就是科学发展，创造价值。绩效是银行发展的成果，是员工智慧和劳动的结晶，体现了银行价值。要做到坚持可持续发展，有效管理风险，保证发展质量，合理控制成本，持续提升银行价值。坚持统筹兼顾，有效配置资源，实现整体利益最大化。坚持价值创造导向,有效激励,加快绩效进步,保证绩效真实。

(1)绩效提倡的行为

1)倡导价值创造的绩效观,将银行的整体绩效、团队绩效和个人绩效有机结合,追求银行、股东、员工价值回报的最大化。

2)倡导科学发展和战略导向的绩效观,不因短期利益损害长远利益,不因个人利益或局部利益损害整体利益。

3)倡导系统、全程的全面绩效管理,营造公开透明、双向承诺、有效沟通、持续辅导、积极向上的绩效管理氛围,实现员工职业发展和银行绩效进步的双赢。

4)建立良好的绩效激励机制,把对银行的价值贡献作为衡量员工绩效的主要标准,努力把长期性战略目标转化为当期绩效指标,持续改进绩效评价方法。通过激发团队的每个细胞,使员工尽展自身价值、发挥自身才能。

5)推行经营风险理念,以全球的风险管理体系、全面的风险管理范围、全员的风险管理文化、全程的风险管理过程、全新的风险管理方法,实现长期价值最大化。

6)倡导服务创造价值的绩效理念,为社会、为客户、为员工提供良好的服务,通过优质服务创造更大的价值。关注直接和间接作用于效果的投入产出,牢固树立成本效益观念,艰苦奋斗、勤俭节约、开源节流、聚少成多。

(2)绩效反对的行为

1)对绩效优先的理念理解不到位,不注重价值创造的结果导向,忽视组织整体绩效结果,片面追求表面效应,华而不实的行为。

2)有悖科学发展和战略导向,忽视长期发展,竭泽而渔,将现实风险转嫁给后来者的做法。

3)故意夸大工作成果,弄虚作假,致使绩效表现不真实、不准确的现象。

4)不注重投入产出的成本核算,对财务预算指标疏于管理,花钱大手大脚,办事铺张浪费,乃至假公济私、损公肥私的行为。

5)对以客户为中心,为客户创造价值的绩效理念认识不到位,对客户服务不真诚、不自觉,服务质量低劣,对企业形象造成负面影响。

3. 责任

责任,就是忠于职守,尽职尽责。银行管理者要对所有利益相关者负责,员工要认真履行责任,管理者要勇于承担责任。银行管理者对社会负责,体现在要主动承担社会责任;对股东负责,体现在要持续创造价值回报;对银行负责,体现在要努力维护整体利益;对客户负责,体现在要竭诚为客户服务;对员工负责,体现在要为员工搭建良好的职业发展通道。

（1）责任提倡的行为

1）以优良的经营业绩积极回馈社会；"一方有难，八方支援"，主动履行社会责任。

2）鼓励各级管理者大胆履行职责，坚持基于责任的授权；倡导团队成员之间的相互负责和信任。

3）管理者牢固树立效率意识、团队意识、风险意识。必须勇于承担责任，使银行有效益，团队有活力，员工有成就感。组织内部鼓励支持敢于负责的行为，努力为员工提供发展舞台，培育和引领团队有效规避风险，勇于接受监督。

4）员工应视中国银行的兴衰成败为己任，知难而进，勇挑重担，拒绝违规要求，并有责任、有义务制止违规行为。

5）对各项工作进程持续跟进，雷厉风行，只争朝夕，负责到底，对结果承担责任。

6）倡导纪律面前人人平等，为敢于负责、能够负责、失责必究营造良好的组织氛围和机制上的支持。

（2）责任反对的行为

1）缺乏整体观念和大局意识，片面强调局部利益、小团体利益和个人利益；对企业忠诚度不高，忧患意识不强，视应该承担的社会责任为负担。

2）热衷于政绩工程、形象工程，官僚作风严重。在执行上搞短期行为，对操心费力、短时间内看不到成效的工作不愿做，对得罪人的事情畏缩不前，不愿为自己的决定和行为所带来的结果承担责任，不关心员工职业发展，工作上敷衍塞责。

3）精神状态不佳，责任心不强。工作消极懒散，虎头蛇尾，遇到矛盾绕道走，遇到困难向后退。进取心不强，主动参与竞争的意识不足。

4）热衷空谈，需对工作中的问题提出具体意见时模棱两可，缺乏求实、务实、扎实的精神和脚踏实地的态度。

4. 创新

创新，就是与时俱进，改革创新。创新是提升核心竞争力的关键，是银行发展的动力。提高自主创新能力，建设创新型银行，持续推进制度创新、产品创新和服务创新。鼓励创新，支持创新，宽容创新失误，营造创新氛围。坚持学习，锐意进取，博采众长，勇于改革和创新。不断超越自我，不断超越对手。

（1）创新提倡的行为

1）员工对中国银行的战略有比较清楚而明晰的认识，以良好的执行力，将中国银行的战略付诸实际的行动计划，以开放的、积极的心态面对改革，参与改革。

2）以快制胜，以勇制胜，以智制胜，在一些领域做得更快、做得更好，不断超越自我、超越对手、超越社会期望，打造卓尔不凡的品质。

3）员工清晰了解岗位目标，以乐观向上的心态克服困难，积极主动、创造性地开展工作，促进目标的实现并追求卓越。

4）始终致力于学习型组织的创建，始终保持锐意进取的精神和持续学习的热情，不断改变心智模式，提高职业化、专业化的综合素质和能力，博采众长、超越自我，巩固和扩大竞争优势。

5）保护创新热情，鼓励创新实践，完善创新机制，宽容创新挫折，鼓励创造性地思考问题，支持有根据的创新，鼓励和尊重员工的首创精神。

6）勇于挑战自我、突破自我、否定自我，不断突破习惯性思维，寻求解决问题的最佳方法，实现产品、技术和机制的不断创新并敢于承担失败的责任。

7）跟踪、掌握现代金融科技发展趋势，加大有效科技投入，提高科技应用水平，推进金融技术创新，增加业务发展的科技含量，提高金融服务现代化水平。

8）坚持在产品与服务的关键环节上，努力进行自主创新并形成核心竞争能力。根据市场的不断变化，提供高价值、快捷、友好、体贴的金融服务，并根据客户需求的变化不断调整、改进、优化产品与服务，以创新的特色超越竞争对手。

（2）创新反对的行为

1）消极保守，故步自封，缺乏创新精神和持续变革的动力；不愿承担创新带来的风险，对客户和同事的需求不积极主动回应，不精益求精。

2）在重大决策面前不做全面的考虑和分析，犹豫不决，只求过得去，不求过得硬。

3）在推动目标实现时不够努力，将时间过多地牵扯在商讨和设计上。

4）不注意学习和强化所需要的技能和知识，满足现状，不思进取，盲目乐观，标准不高，不愿有更大的突破，更不敢承担创新失败的责任。

5）不敢向自我挑战，害怕否定自我，抱着不切实际的自我保护意识。

5. 和谐

和谐，就是以人为本，团结合作。银行以员工为根本，以客户为中心，追求和谐共赢。尊重员工，公平公正，制度规范，安定有序，创造和谐环境。团结友爱，顾全大局，密切配合，沟通协调，培育团队精神。尊重客户，服务客户，适应客户需求，保证服务品质，为客户创造价值。

（1）和谐提倡的行为

1）以社会主义核心价值体系为指导，做到知荣明耻，谋求和谐共赢。

2）坚持以人为本，尊重人、关心人、信任人、培养人、成就人，始终把员工利益、银行利益和股东利益的一致性作为工作的出发点和落脚点。

3）从实际出发，建立科学、可持续的企业生态发展环境，愿意欣赏他人、学习他人、与他人合作共事，甘愿为别人拾遗补缺。平衡员工、客户与银行战略目标之间的关系。

4）建设和谐的职业环境，遵循改革的力度、发展的速度与员工的承受程度的有机统一，建立和谐的劳动关系，建设内部稳定和谐的局面。

5）强调团队协作，促进团队的多元化，尊重个体差异，公平、公正对待员工，包容不同意见和个性，构建坦诚交流、主动补位、相互支援、同舟共济的内部服务链。

6）坚持整体利益和大局意识，强调部门间的良好沟通与协作，提倡主动沟通，加强内部协调，形成相互支持、合作共赢的局面。

（2）和谐反对的行为

1）片面强调既得利益，缺乏对相关利益者的尊重，不注重员工的道德培育，忽视其在企业中主体作用的发挥。

2）不按客观规律办事，藐视风险，急躁冒进，组织与个体关系对立。

3）团队协作意识差，沟通渠道不畅，职业环境紧张，员工相互猜疑，直接影响团队的和谐与绩效。

4）不负责任地背后议论，相互埋怨，本位思想严重。

5）部门间推诿，揽功推过，工作拖拉，效率低下。

二、招商证券的企业文化

中国资本市场具有与其他资本市场不同的特点。但随着市场化机制的逐步深化，这个市场对于投资者将呈现出无限的机会与可能。在这个过程中，中国资本市场的投资者将会与其他市场的投资者一样，有权利在更多可能的投资组合之间选择最适合他们的产品或者服务。

1. 招商证券的企业品牌使命：我们要为人们带来什么？

招商证券不断深化对中国市场的系统研究，坚持在产品创新的源头进行投资，掌握关键产品创新所需要的各种资源，从而在市场环境允许时，能够第一时间为客户提供新的投资产品。同时，招商证券把为顾客提供更好的服务视为重要的产品创新途径，让顾客能够通过整体服务的改进得到更多和更及时的专业意见或者有用的信息，从而对公司更加信任。

招商证券的企业品牌使命是以丰富的投资产品和相关服务满足客户的无限需要。

2. 招商证券的企业品牌观：敦行致远

在躁动而复杂的环境中，招商证券始终严守自己的特质，充满自信地要求自己以敦厚稳重的行动去实现远大的理想。

心存远图：源自于对民族复兴抱有强烈使命感的"百年招商"，招商证券注定要成为中国资本市场的重要力量，并为此而不断积聚长远发展的能力。

崇尚行动：招商证券相信市场力量，相信诚信笃行是任何市场主体的百年立身之本，主动地适应市场变化或者促成改变既定成规，为顾客创造更多的选择机会。

严谨务实：招商证券深知成事艰辛，处处细心稳重，规范工作流程，全面把控风险，追求终极实效。

同时，招商证券也帮助客户建立"敦行致远"的投资观念，适当远离纯粹投机性的买卖行为，更多地着眼于中长期的投资回报，以此构建大胆又严谨可行的投资策略。

招商证券坚持自己一贯的行事原则：敦行致远。这意味着：招商证券会始终心存远图，崇尚行动，并且强调严谨务实。

3. 招商证券的企业品牌个性：我们看起来像什么？

招商证券的行事风格与内在素质体现其一贯的大度而从容的气质，给顾客留下一切都有充分准备的印象。同时，作为中国资本市场上的创新先行者，招商证券还表现出对于可能的产品和服务创新机会的敏感以及敢为天下先的魄力。

经营理念：珍惜声誉，诚信经营，稳健务实，协调发展。

客户理念：服务至上，客户为先；至专至精，成就价值。

人文理念：以人为本，任人唯贤；公开公正，和谐舒畅。

行为取向：崇尚进取，鼓励创新；全局为重，团结协作。

责任理念：忠诚尽责，勤勉奉献；回报股东，服务社会。

标志设计紧紧围绕招商证券"诚信、稳健、服务、创新"的经营理念展开，力求突显招商证券稳健经营、创新不止的风格。标志由"C"和"M"演化为圆形和三个依次向上递进的"1"（图4-1），既清晰地表明了招商证券与招商局和招商银行的渊源关系，也突出了证券行业的自身特点。

图4-1　标志

标志以三个"1"为主要视觉点，蕴含着招商证券追求卓越的理念，预示着招商证券在业务、管理、人才等方面都成为业内一流。

标志中的六条斜线为标志增添了活力和动感，同时又生动地描绘了招商证券正乘风扬帆、破浪远航，快速、稳健地驶入国际资本市场。

标志以红色为主基调，既代表了招商证券融入国际资本市场这一朝阳产业的客观事实，也象征着招商证券朝气勃勃的企业精神，内涵丰富，给人以无限的想象空间。

三、中国平安保险公司的企业文化

中国平安保险公司（以下简称平安）是国内最早建立绩效导向文化和"竞争、激励、淘汰"机制的保险企业，具有典型的鹰文化特征，像鹰一般追踪目标、捕捉目标。企业的成功也就意味着高市场份额和拥有市场领先地位。因此，平安也属于典型的市场型企业文化，强调竞争力和生产率。平安的内部竞争贯穿到经营管理的每一个环节，有部门之间的竞争，也有团体之间的竞争；市场占有率、规范管理、改革创新、队伍建设等竞赛每年都会如期举行。这让员工在体会压力的同时，也获得了巨大成功。

平安于1988年诞生于深圳蛇口，是中国第一家股份制保险企业，至今已发展成为融保险、银行、投资等金融业务于一体的整合、紧密、多元的综合金融服务集团。平安的成功因素有很多，其中平安特有的企业文化是一个重要的方面。

平安对企业文化有其独到的认识：企业有资产没人才不行，企业有核心技术没人才不行，企业仅有人才也不行，企业需要一群有凝聚力的人，朝着一个方向齐心协力，才能获得成功。如何才能使企业员工凝聚在一起？这就需要建设一种优秀的企业文化，优秀的企业文化具有强大的凝聚力，能够为企业员工创造发展空间，吸引优秀人才，稳定人才，创造企业竞争优势，使企业充满活力，保持领先。只有优秀的企业文化才能有效协调企业员工，团结一致，创造性地运用企业资本和核心技能，产生强大的生产力。

平安的企业文化体现在平安的方方面面，《客户服务》报就是面向所有平安客户展现平安企业文化的窗口。它旨在向客户传达平安最新的资讯、最新的产品以及最新的服务。同时，针对客户日常生活需求，提供相关生活常识以及健康、理财等与生活紧密相关的信息，体现了平安领先的服务理念。

平安的企业文化产生于改革开放的时代背景下，平安人在长期经营管理实践中不断探索，不断创新，逐步形成了具有独特个性，被广大平安员工普遍接受和遵循的价值观念、行为准则、组织制度以及物质形态的综合体现。

平安团队的核心价值观：诚实，以诚待人，恪守承诺，光明磊落，率直做人；信任，互相尊重，彼此信赖，团结一致，齐心协力；进取，自强不息，拼搏奋斗，努力开拓，追求卓越；成就，创造业绩，超越自我，体验成功，实现价值。

平安团队的价值观：团结，实现价值的前提条件；活力，创造价值的力量保障；创新，实现价值的手段；学习，创造价值的动力源泉。

平安团队的经营理念：长远，人新我恒，平安为顾客终身提供忠诚的超值服务；领先，人专我新，在保持专业化经营和专业化服务的同时，不断创新，保持领先；差异，人无我有，通过差异化战略，向客户提供别人没有的超值的产品和服务；专业，人有我专，在差异化的前提下，实行专业化的经营和服务。

平安团队的三大机制：竞争，竞争是发展的动力，竞争是全方位的，具有持续性，竞争是比贡献、比管理和比发展；激励，激励是潜能的催化剂，既注重物质激励，更重视精神激励、工作激励、支持激励、关怀激励、竞争激励；淘汰，淘汰是进步的必要，淘汰能保持企业活力，淘汰落后的思想和过时的制度，淘汰落后者，不淘汰，就要被淘汰。

平安的企业文化通过不断完善升华，始终与时俱进，在战略和策略上永葆先知、先觉、先行。每个时期，平安都能根据当时的形势和需要，找到新的方法，共同探讨、完善文化内涵，平安的企业文化就是这样一点一滴不断积累、丰富起来的，并且还会越来越完善。

小　　结

金融企业文化包括金融企业服务文化、金融企业竞争文化、金融企业形象文化、金融企业民主文化、金融企业职业道德文化、金融企业制度文化、金融企业法制文化、金融企业群体文化、金融企业需求文化、金融企业物质文化、金融企业员工素质文化。优秀的企业文化不仅是一种规范、习俗，更是一种精神的象征，员工在这种精神的激励下会产生崇高的人生信仰。他们工作不仅是在创造价值，同时也是在追求自我价值的实现，追求生命的终极意义。企业只有具备了优秀的企业文化，才能真正实现可持续发展。

第五章

金融服务礼仪

第一节　金融服务礼仪概述

一、金融服务礼仪的重要性

随着市场经济的快速发展，国际交往、社会活动的日益频繁，社会组织和个人对礼仪的重视程度越来越高。尤其是金融体制改革以来，我国金融市场已经形成了多元化的竞争结构。在这样的竞争结构中，文明得体的金融服务礼仪、安全健全的服务功能、准确快捷的服务效率和优美舒适的服务环境成了关键所在。这就要求金融从业人员不但应具备精深的专业水平和娴熟的业务技能，更应了解金融服务礼仪的技巧，遵守金融服务礼仪的规范。

金融服务礼仪是礼仪在金融服务过程中的具体运用，是礼仪的一种特殊形式，指金融行业从业人员在自己的工作岗位上应当遵守的行为规范。

在一般情况下，金融行业主要提供以下服务：

1）存、取现金服务。随着互联网金融的不断发展，银行满足客户需求的途径也随之改变，但传统的现金存取仍然是主要服务形式。

2）资金安全性服务，如保管、中远期结售汇买卖等安全的货币存款等业务。

3）货币转移业务，如结算、支付、薪水代发等业务。

4）授信、延期支付服务，如贷款、承兑、担保等业务。

5）金融顾问、代客理财服务。主要以提供金融智力、技术服务为主。

6）投资、证券、保险业务。

对于具体的金融服务而言，怎样把客户服务放在首位，最大限度地提供规范化、人性化的服务，以满足客户需求，是金融行业面临的最大挑战，也是金融服务礼仪要解决的重大问题。

二、金融服务礼仪的基本准则和主要内容

（一）金融服务礼仪的基本准则

金融行业从业人员也是一名社会公民，作为社会公民，其礼仪修养的基本准则归纳起来有以下几个方面。

1. 遵守社会公德

社会公德包括尊重妇女、爱护儿童、关怀体贴老人、遵守公共秩序、救死扶伤等。遵守社会公德表现了人与人之间基本的相互尊重以及对社会的责任感，所以，遵守公德是文明公民应该具备的品质。

2. 遵时守信

遵时，就是要遵守规定或约定的时间。"言必信，行必果"，这是对自身价值的肯定，也是对自身人格的尊重和肯定。在金融行业服务工作中，如果自己和客户约定了时间或是作出了承诺，一般不应轻易变动，而应想方设法做到。凡是需要承诺的事情，要量力而行。一旦言而无信，尤其是养成了习惯，对别人造成不便，也会影响金融行业的良好信誉和业务开展。

3. 真诚谦虚

作为金融行业从业人员，在工作中要诚心诚意对待客户，对客户指出的疑难问题，要态度诚恳，耐心细致；处理客户投诉，要真心真意，尽力帮助顾客解决实际问题。

4. 热情适度

在金融行业工作和日常人际交往中要适度热情，要与双方的地位、身份和实际情景相符。要在坚持工作原则、工作程序的基础上热情周到地服务。

5. 理解宽容

理解，就是要懂得别人的思想感情，理解别人的立场、观点和态度，能根据具体情况体谅、尊重别人。宽容，就是大度，宽宏大量，能容人，在非原则问题上，能够原谅别人的过失。

6. 互尊互助

金融服务部门，要尽量创造条件为客户提供舒适方便的环境，不断推出满足

客户需求的业务种类。在设计业务流程的过程中，要充分考虑如何方便顾客，如何减少顾客等待时间、如何满足特殊顾客（如残疾人、外国人）办理业务时的特殊需求，以全面提高金融行业的服务水平。

（二）金融服务礼仪的主要内容

金融服务礼仪是一门实用性很强的礼仪学科，它具有明显的规范性和更强的可操作性的特点（具体可参见本章第二节）。

三、金融服务礼仪的基本要求

从根本上提升服务品质、打造金融企业核心竞争优势、增强服务意识、提升服务素养是金融服务礼仪对金融行业及员工提出的基本要求。

（一）职业道德

金融行业职业道德的核心思想是为社会服务，为人民服务，主动服务，热情服务，周到服务。其具体内容主要包括金融行业从业人员的思想品质、服务态度、经营风格、工作作风、职业修养五个方面的规范化要求。它们都是金融行业从业人员在其工作中的行为准则。

（二）角色定位

在工作岗位上，金融行业从业人员应明确自己扮演的是社会角色，是为顾客服务，为社会服务。在对服务对象进行角色定位时，金融行业从业人员应基于自己对对方的性别、年龄、气质、教养、仪容、仪态、服饰、语言等方面的综合观察，了解客户的特殊需求，并能做到"投其所好"。

（三）双向沟通

金融行业从业人员在工作中应理解服务对象，加强相互理解，建立沟通渠道，重视沟通技巧。

（四）三A法则

三A法则，即接受（accept）服务对象、重视（appreciate）服务对象、赞美（admire）服务对象。

接受服务对象：服务时积极、热情，主动接近服务对象，认可容纳对方。

重视服务对象：服务时认真主动关心服务对象，想对方之所想，急对方之所急，努力提供良好的服务。

赞美服务对象：服务时及时、适度地对服务对象表示欣赏、肯定、称赞与钦佩，要注意适可而止，实事求是。

四、培养礼仪修养的途径

礼仪修养是一个自我认识、自我磨炼、自我提高的过程，是通过有意识地学习、仿效、积累而逐步形成的，需要有高度的自觉性。

培养良好的礼仪修养可以通过以下几个途径。

（一）自觉养成文明礼仪习惯

良好的礼仪习惯不仅能给人生带来欢乐，而且能够帮助一个人走向成功。从外表来看，文明礼仪是一种表现；从本质来讲，文明礼仪反映着自己对他人的一种关爱之情。真正的文明礼仪必然源自内心。所以，金融行业从业人员需要通过主动学习来培养良好的礼仪习惯。

（二）主动接受礼仪教育

礼仪教育是加强职业道德教育的需要，是用人单位对人才规格的要求之一，也是企业提高整体素质的需要。大学生在学校期间应该养成良好的职业道德品质，养成良好的职业道德习惯，工作后才能更好地适应社会需要。所以，大学生通过主动接受礼仪教育，做到内外兼修，是提高职业综合素质的必要条件。

（三）广泛涉猎科学文化领域

科学文化知识不仅能够培养一个人的文化素养，也能提高一个人的职业素养。广泛涉猎科学文化知识，可以使人考虑问题周密，分析事物较为透彻，处理事件较为得当，在人际交往时能显示出独有魅力而不显得呆板，不会给人以浅薄的印象。

（四）积极投入金融实践，逐步养成文明礼仪的习惯

金融行业从业人员要把对礼仪的认识运用到实践中，并注意运用所学知识搞好金融服务和社交活动，对自己的行动不断进行反省，并把从反省中得出的新认识贯彻到行动中。如此不断循环，从而达到提高礼仪修养的目的。

第二节 金融服务礼仪与职业形象

一、仪表礼仪

仪表是金融行业从业人员个人形象的重要组成部分，不仅体现着自身的风格特征和个人魅力，也影响和代表着所从事的金融企业的形象。仪表一般包括仪容

和服饰两大部分。仪表礼仪主要指的是人的仪容礼仪和服饰礼仪。

（一）仪容礼仪

1. 仪容的含义

仪容主要指一个人的外观容貌，它是由发式、面容以及所有未被服饰遮掩、暴露在外的肌肤构成的。五官端正、肤色健康、身体各部位比例匀称是构成仪容的三个基本要素。

仪容礼仪是指个人结合自身职业特点对自己的外观容貌所进行的装扮与修饰，使之能很好地体现行业特点，提升单位形象。金融行业从业人员仪容修饰礼仪是金融行业文化的直观外在表现。在个人的仪表问题之中，仪容是重点之中的重点。在人际沟通与交往过程中，仪态用一种无声的体态语言向人们展示了一个人的道德品质、礼貌修养、人品学识、文化品位等方面的素质。因此，无论是在工作岗位上还是日常生活与社会交往中，金融行业从业人员应注重自身的仪容仪态，其表现都应尽可能给人以亲切、优雅之感。

2. 仪容礼仪的原则

金融行业从业人员进行仪容修饰的基本原则包括恰当自然、协调、整体性。
（1）恰当自然的原则
恰当自然就是要求修饰以清淡为主，生动自然，"妆而不露，化而不觉"。
（2）协调的原则
协调强调容貌的修饰要与发型、服饰、所从事的职业以及场合环境相一致。
（3）整体性原则
整体性要求仪表修饰着眼于人的整体，再考虑各个局部的修饰，营造出整体风采。

3. 面部的修饰技巧

（1）眼部的清洁及眼镜的佩戴
一方面要及时除去自己眼角的分泌物，另一方面要特别注意眼病的预防和治疗。因视力原因需在工作时佩戴眼镜，应选择适合自己的镜架和镜片，在室内一般不应佩戴颜色过深的镜片，镜架不宜太夸张。
（2）耳部的清洁
每天应进行耳部的清洁除垢，尤其是男性员工要经常修剪耳孔周围的茸毛，以免影响整体形象的美观。
（3）鼻部的清洁
注意鼻腔内卫生，及时清洁鼻腔内的分泌物。

（4）口腔及周围卫生

要坚持每天刷牙，做到"三个三"，即每天刷三次牙，每次刷牙宜在餐后3分钟进行，每次刷牙的时间不少于3分钟。在社交场合进餐后，切忌当众剔牙，可以用手或餐巾掩住嘴，然后剔牙。除此之外，平时不宜食用葱、蒜、韭菜、虾酱等气味刺鼻的食物，以防止因饮食引起口腔异味。

（5）剃须修面

金融行业的男性员工一定要坚持每天上班前剃须，个别女性员工若唇上汗毛过于浓重，也应作相应的处理，以保持面部的整洁。

4. 发部的修饰技巧

整洁干净的头发是对金融行业从业人员个人形象的最基本要求，直接影响他人对自己的评价。因此，金融行业从业人员必须对自己的头发常清洗、勤修剪、常梳理，慎染烫以及少戴头饰。

金融行业从业人员选择发型的原则主要有以下两个。

（1）庄重大方

金融行业从业人员应当有意识地使发型符合金融工作诚信稳重、简洁明快、知性儒雅的行业特点，体现庄重而保守、职业而干练的整体风格。金融行业从业人员的发型与身份相吻合，有助于得到客户的信任。

（2）长度适当

对头发总的要求是：长短适当，以短为主。除极特殊情况外，男性员工一般不允许剃光头。男性发长一般以5～7厘米为宜，这个长度也是男性健康形象、文明程度的标志之一。另外，男性员工必须做到前发不覆额，侧发不掩耳，后发不触领。女性员工的发型不拘泥于短发或直发，但应相对保守些，不能过分张扬和花哨。若是长发最好挽成发髻，这样会给人整洁、干练的感觉，头发的颜色要自然，不要染成过分鲜艳的颜色。

5. 化妆修饰技巧

对金融行业从业人员来讲，在职业场合用特定的化妆用品进行仪容的修饰、装扮，既能展示自己的职业形象和精神面貌，同时也表示对他人的尊重。

金融行业从业人员化妆的原则主要有以下几个。

1）扬长避短：适当地展示自己的优点，掩饰自己的缺点。

2）自然真实：一般情况下，化妆的重点是嘴唇、面颊和眼部。金融行业从业人员的岗位妆容，应该说是一种简妆。

3）认真负责：化妆时，动作要轻稳，注意选择合适的色彩和光线。

一般来说，金融行业从业人员化妆的禁忌主要有以下几个方面：一忌离奇出众，哗众取宠；二忌技法不当，角色缺失；三忌残妆示人，有失庄重；四忌岗上化妆，轻浮失礼。

总之，包括五官在内的整个脸部是人类的仪表之首，在人际交往中，应当重点修饰眼部、口部、鼻部和耳部，使面部以整洁、卫生、简约、端庄的状态示人。

（二）服饰礼仪

穿衣是"形象工程"的大事。莎士比亚曾经说："一个人的打扮，就是他的教养、品位、地位的最真实的写照。"服饰是人体的外延，包括衣、帽、鞋、袜及手表、戒指、耳环等饰物。服饰的式样和颜色，可以透视出一个人的个性、性格和心理状态。

1. 着装的 TPO 原则

TPO，分别代表时间（time）、地点（place）和场合（occasion）。TPO 原则是世界通行的着装的最基本原则，它要求人们的服饰以和谐为美。具体内容为：着装要与季节相吻合，符合时令，与所处的场合及不同国家、区域、民族的习俗相吻合，符合着装人的身份；根据不同的交际目的、交往对象选择服饰，给人留下良好的印象。

2. 服饰颜色搭配技巧

色彩是服装中最活跃、最积极的因素，重视色彩在服饰整体美中的运用是非常必要的。

暖色调有：红色，象征着热烈、活泼、兴奋，是一种富有激情和感情的色彩；黄色，象征着明快、鼓舞、希望、富有朝气；米黄色等浅黄色，在日常生活和交际中使用较多；橙色，象征开朗、欣喜、活泼，也是一种较明亮的颜色。

冷色调有：黑色，象征寂寞、沉稳、严肃、富有神秘感，也往往给人以干练、庄重之感；蓝色，象征深远、沉静、安详、清爽、自信而幽远，也是黄种人选择较多的一种较安全的颜色；青色，象征高傲、神秘。

下面介绍几种常见金融行业从业人员着装色彩的搭配。

1）无论男女都要穿精致考究的西服套装。颜色应选择深色系，如黑色、深蓝色，给客户一种稳重、可信任的感觉。上下身不同色是禁忌。

2）衬衫应选择质地挺括、颜色素雅的款式，白色是最安全、不会出错的颜色。淡蓝色、淡粉色或黑色的细竖条纹衬衫，对男士而言是不错的选择。女士可以选择略有细节设计的款式，比如胸前压褶，但一定不能夸张。

3）男士领带以素雅色彩或者配色大方的斜纹图案为佳，而且领带的颜色应是比西装浅、比衬衫深的中间色系，这样整体搭配下来，简洁而不失品位。

4）男士皮鞋最好是黑色的系带款式，设计简洁低调，表面干净整洁。女士应选择经典大方的黑色中跟鞋，不露脚趾。

随着现代社会工作、生活节奏的加快，用色的主流是雅洁、自然、简练、朴实。用色要避免繁杂、凌乱，做到少用色，巧用色，以不超过三色为好。颜色的选择是一门重要学问，一个人的穿着品位与色彩观念可以折射出此人的工作态度和审美情趣。在拜访客户时，服饰通用的选择颜色的最高原则是素雅，而深浅搭配又具有平衡的效果。

3. 金融行业从业人员制服穿着的礼仪

金融行业从业人员职业服装主要以工作制服为主，男士以西服衬衫为主，女士以套装、套裙为主，因工作性质决定。

（1）西装分类

男西装主要有平驳领、枪驳领和蟹钳领几种类型，前身主要有单排一粒扣、两粒扣，双排四粒扣、六粒扣等。女西装有平驳领、枪驳领等。

男士西装的款式可以分为欧式型、美式型、英式型三种。欧式型通常讲究贴身合体，垫肩很厚，胸部做得较饱满，袖笼部位较高，肩头稍微上翘，翻领部位狭长，大多为双排扣形式。美式型讲究舒适，线条相对柔和，腰部适当收缩，胸部也不过分收紧，符合人体的自然形态，垫肩不高，袖笼较低，一般以单排2～3粒扣为主。英式型类似于美式型，腰部较紧贴，多在上衣后身片下摆处做两个叉。

（2）西装穿着礼仪

西装穿着讲究"三个三"，即三色原则、三一定律、三大禁忌。

1）三色原则。穿西装时，包括上衣、裤子、衬衫、领带、鞋子、袜子、皮带在内，全身颜色应该在三种之内。

2）三一定律。重要场合穿西装，鞋子、腰带、公文包三样男士主要的饰物应为同一颜色，而且首选黑色。

3）三大禁忌。指在正式场合穿着西装、套装时切忌：一是袖口上的商标未拆；二是在非常重要的场合，穿夹克、短袖衫打领带；三是男士在正式场合穿着西装套装时鞋子和袜子不搭配（重要场合，白袜子和尼龙丝袜都不能和西装搭配，鞋应穿制式皮鞋，男士应用系带的黑皮鞋）。

二、岗位服务礼仪

岗位服务礼仪是指金融行业从业人员在岗前准备、柜台服务、客户接待、纠纷处理等履行岗位职责时，以约定俗成、规范的程序和方式来表现的律己敬人的完整行为。

金融行业的岗位按与客户接触的程度划分主要有三大类：一是临柜岗位，此类岗位接触的客户最多，每天所有的营业时间几乎都用于与客户打交道；二是大堂咨询岗位，经常与客户打交道，但不是所有的营业时间；三是内部管理岗位，很少与客户打交道。所以，对于金融行业，最需要、最有意义的岗位服务礼仪是临柜岗位礼仪和大堂咨询岗位礼仪。

（一）岗位服务礼仪的基本要求

1）主动热情。一个简单的主动问候包含自信和期待。金融行业从业人员只有把自己的情感投入一举一动、一人一事的服务中，真正把客户当作自己的亲人，从内心理解他们、关心他们，才能使自己的礼仪行为更具有人情味，更富有特色，让客户从中体会到银行高质量的服务水准。

2）周到细致。在服务的内容和项目上，做到全方位、全过程，处处方便客户、体贴客户，帮助客户排忧解难，并尽量满足客户的各种需求。

3）"四心"待人，"四心"即诚心、热心、细心和耐心。

4）语言文明。柜面服务时，应讲究语言艺术，做到亲切、准确、得体。使用好"十字"文明用语（请、您好、谢谢、对不起、再见）。提倡微笑服务，让笑意写在脸上，尊称不离口，"请"字在前头。

5）上岗前准备。上班必须提前15分钟到岗，按规定做好上岗各项准备工作。

（二）金融服务岗位礼仪规范

1. 临柜岗位礼仪

临柜岗位礼仪包括：

1）办理业务之前要举手。柜员按下叫号机后，举起右手，五指并拢，小臂自然伸直，保持微笑站立，示意客户前来办理业务，配合标准服务用语："请下一位！"

2）迎接客户要起立。在站立姿势的基础上，身体微微前倾15°，右手伸出，五指并拢，手心微微向上45°，引导客户坐下，配合礼貌用语："您好！""欢迎光临！""您请坐！"

3）客户资料双手接。微笑询问客户办理业务类型，双手接过客户递来的物品，注意动作要轻，避免抢、拉等错误动作。

4）客户业务快速办。柜员尽可能迅速为客户办理每笔业务，配合使用标准语言"请稍等"，以宽慰客户等候的心情。需要客户签字时，应注意单据文字方向要正对客户，一只手持单据一角，另一只手四指并拢，拇指微微张开，手心微微向上，指向单据中的签字处，礼貌用语为："请您核对无误后，在单据的右下角签上您的名字。"办理现金业务或其他需要客户输入密码的业务时，应使用规范用语和规范手势，示意客户："请您输入密码。"

5）客户物品双手送。办完业务后，柜员要双手递出钱、卡、折等物品，提醒客户"这是您的回执和现金，请收好、请清点"。

6）起立送客要目送。客户核对钱物无误后，柜员要自然注视客户，站立相送。站起后，柜员的送客姿势为双手前握，身体微微前倾30°，微笑亲切地说"请慢走"或"欢迎下次光临"等礼貌用语。客户未离柜，柜员不能转身做其他事情。

2. 大堂咨询岗位礼仪

大堂咨询岗位礼仪包括：

1）迎接客户主动热情。当客户走进大门时，大堂咨询工作人员要对客户礼貌热情、主动招呼、微笑迎接。当客户徘徊犹豫时，要主动热情询问，得到答复后再做具体引导。当忙于其他工作未及时发现客户时，首先要向客户道歉，尽快停下手中的工作为客户办理业务。客户临走时应礼貌道别。

2）引导客户动作规范。大堂咨询工作人员要特别注意手势语的方式和不同含义，引导手势要优雅，手势不可过多，幅度不宜过大，更不要手舞足蹈，手势要控制在一定的范围内。

3）派发宣传单要适时。大堂咨询工作人员在派发宣传单时要留意客户心理，热情向客户推荐相关银行产品，注意礼貌用语。当发现客户不愿多了解时，要主动停止产品介绍，以免引起客户反感。

4）涉及隐私及时回避。大堂咨询工作人员在引导客户填单、使用自助终端等时，最重要的一点是要注意保护客户隐私，当需要输入个人信息时，工作人员要主动回避，当客户遇到不能解决的问题时，要耐心解答，礼貌引导客户完成相关业务的办理。

▶ 案 例

储蓄存款业务

员工：（起立）您好，请问您办理什么业务？

客户：小姐，我要存钱。（递上钱与凭条）

员工：好的。（双手接过）请问您存多少钱？

客户：1000元。

员工：请稍等。（坐下，点钞后）是1000元，定期一年吗？

客户：是的。

员工：请出示您的身份证。（双手接过后）请稍等。请您输入密码。（起立）已经存好了。请您核对一下。（双手递上存单、身份证）

客户：对的，谢谢！

　　员工：不客气。欢迎您下次再来。

【案例分析】

　　临柜柜员在柜面服务时，应讲究语言艺术，做到亲切、准确、得体。使用好文明用语，如"请""您好""谢谢""对不起""再见"等。提倡微笑服务，让笑意写在脸上，尊称不离口，"请"字在前头。

第三节　金融服务的岗位与工作任务

　　金融服务职责是指金融行业从业人员在服务过程中所负责的范围和所承担的相应责任。规范服务职责有利于提高工作效率和质量，提高内部竞争活力，规范操作行为。

一、网点负责人的岗位职责与工作任务

　　（一）网点负责人的岗位职责

　　1）负责对网点人员、销售绩效、服务质量、客户满意度和业务风险的全面管理。

　　2）负责管理网点客户资源，组织实施各项营销活动，提高网点销售业绩。

　　3）负责不断改善服务质量，提供规范一致的服务体验，提高客户对网点满意度。

　　4）负责监督执行风险防范措施，实施关键风险点控制，提高风险管理能力。

　　5）负责激励和管理员工团队，提高员工综合业务素质和团队协作能力。

　　（二）网点负责人的工作任务

　　1）组织网点营销活动。

　　① 定期制订网点营销计划，组织实施营销方案，分析营销成果，组织员工积累和分享营销经验，充分挖掘客户资源，提高网点营销能力。

　　② 加强零售业务与批发业务的联动，与客户经理协调配合，做好 VIP 客户的销售和服务工作。

　　③ 收集和评估客户关于产品、业务操作、服务、网点环境等方面的意见和建议，及时予以改进。

　　2）协调网点日常营运。

　　① 根据相关要求合理调配网点岗位分工。

② 根据业务需求合理调配服务窗口。

3）担任大堂经理角色，利用 50% 的时间担任大堂经理角色。

4）指导员工服务，展示网点精神。

① 调动网点资源为客户提供规范、优质服务，指导员工服务操作，进行网点服务质量日常检查。

② 主持每日晨会，定期更新精神墙，通过正面表扬，鼓舞士气、弘扬网点精神，率先垂范，确保网点精神贯穿于网点服务的全过程。

5）防范操作风险，监督操作流程的合规性，确保各项风险防范措施贯彻落实。

① 加强网点内业务操作管理，强化内部制约机制，确保操作的合规性。

② 根据业务需要，参与个人业务顾问和柜员的业务授权处理。

③ 按要求定期组织网点业务操作检查和现金、重要单证及重要物品的检查。

6）加强员工管理，引导员工提高综合业务素质。

① 定期和不定期与网点员工沟通，把握员工的思想动态，调动员工工作积极性，与员工一起制定职业发展规划。

② 按照员工培养计划，采用言传身教的方式对员工实施管理和技能强化，针对网点营运中的薄弱环节，提供现场指导和有针对性的培训。

③ 定期组织员工参加各种培训，针对员工的营销能力、产品知识、业务政策、操作水平、服务技能等方面的不是，组织专题培训和考核评价。

7）组织网点绩效指标和员工绩效指标的落实及完成。

① 设定网点发展目标，监控各项指标的落实进度，定期向管辖部门汇报落实措施和完成情况。

② 分解网点指标任务，定期考核各岗位、团队指标完成情况，分析差距和机会，确定改进方案，公布考核结果。

二、大堂咨询人员的岗位职责与工作任务

（一）大堂咨询人员的岗位职责

1）负责协调网点资源，组织和管理营业大厅。

2）负责问候客户，了解客户基本需求，并将客户引导到合适的功能区域或者柜台。

3）负责为客户提供基本的咨询服务，协助客户办理业务，指导客户使用自助设备。

4）负责搜集客户的需求，受理客户意见和建议，调解纠纷，做好解释工作。

5）负责维护营业场所秩序，保持营业场所内外的良好环境，对柜员服务、设备运行等进行监督检查，协调处理营业厅内的突发事件。

6）负责根据客户需求，主动营销宣传所在银行的金融产品，维护客户关系，向客户经理推荐优质客户。

7）监督和指导网点员工，以身作则，言传身教。

（二）大堂咨询人员的工作任务

1）坚守岗位，并安排好岗位交接，确保大堂咨询人员在岗率达到100%。

2）给予客户热情的问候致意，使客户体验到被尊重的服务。

3）引导客户到达适合的服务区域。

4）识别VIP客户，引导VIP客户到达理财中心和VIP室，体验尊贵服务。

5）引导和指导客户使用自助设备。

6）指导客户在填单台填写相关凭条。

7）积极主动挖掘客户的销售需求，填写《客户推荐表》和《客户需求记录表》，向客户经理推荐。

8）大堂繁忙时，管理等候区，缓解客户等待的焦虑心情。

9）体现岗位权威，有效解决客户投诉，缓解双方矛盾。

10）观察和指导员工，时刻展现网点精神，做到言传身教。

11）收集有益的客户建议，为服务和产品优化提供第一手资料。

12）摆放和管理网点内的营销材料。

三、临柜工作人员的岗位职责与工作任务

（一）临柜工作人员的岗位职责

1）准确、高效地办理柜面现金和非现金简单业务交易，提升客户满意度。

2）严格执行内控制度和操作规程，防范操作风险。

3）发现客户销售机会，做好销售推荐和少量销售工作。

4）遵循标准化的服务语言和行为规范，展现网点精神。

（二）临柜工作人员的工作任务

1. 受理客户高柜简单业务交易，做好柜面营运服务

1）营业前准备好现金、重要空白凭证、印章以及营销资料和营业所需凭证；营业中保持营运所需的尾箱现金和重要空白凭证，当出现不足或超限时，及时与柜员主管办理调拨手续；营业终了确保尾箱现金、重要单证账实相符并满足库存限额标准，凭证和账务流水核对相符，并与柜员主管办理凭证交接手续；日始、日终做好柜员双人开箱、封箱工作。

2）准确高效地办理简单的现金和非现金业务交易，对于不能当场完成的客户服务，及时移交柜员主管后续跟进，受理大堂经理移交的客户投诉后续服务。

3）严格按照内控制度和操作规程办理业务，对办理业务中发现的大额或可疑类交易及时报告柜员主管；落实系统授权、签字授权等制度，确保经办业务的合规性。

4）柜员离岗应收妥本人保管和使用的现金、重要单证以及业务印章、柜员卡等重要物品并退出终端界面；休息或轮岗时与其他柜员做好交接工作，按要求及时修改柜员密码。

5）遵循职业守则，诚实守信，杜绝欺瞒行为，为客户保密。

2. 发现销售机会，提供和销售金融产品

1）在受理客户服务需求过程中，通过查看客户信息以及与客户进行简短交流，发现和捕捉客户的产品需求。

2）发挥团队协作精神，做好客户销售推荐工作。

3）在个人业务顾问忙碌不能及时接收推荐客户时，做好销售工作。

3. 遵守员工服务行为规范，主动展现网点精神

1）遵循标准服务语言和行为规范，在销售和服务过程中展现网点精神；加强与网点内其他员工的协作，营造和谐团队氛围。

2）面对客户的不满或投诉及时做好解释和安抚工作，对不能自主解决的问题及时移交柜员主管。

4. 掌握适应本岗位的业务知识和技能

接受柜员主管现场辅导；积极参加管辖行和网点组织的产品、规章制度培训和考试，提高业务知识和业务技能，通过内部网络主动学习业务知识。

第四节　突发事件处理

一、突发事件概述

（一）突发事件的相关定义

突发事件有广义和狭义的划分。广义上，突发事件可以被理解为突然发生的事情：第一层的含义是事件发生、发展的速度很快，出乎意料；第二层的含义是事件难以应对，必须采取非常规方法来处理。狭义上，突发事件是意外地突然发生重大或敏感事件，简言之，就是天灾人祸。前者即自然灾害，后者如恐怖事件、社会冲突、丑闻等，专家也称其为"危机"。

突发事件处理是指为有效防范突发事件的发生，规范突发事件的处置程序，最大限度地减少突发事件给银行带来的损失和影响，维护金融机构良好声誉所制定的操作规范。

（二）金融机构突发事件的等级划分

1）特别重大突发事件（Ⅰ级）。特别重大突发事件是指发生在金融机构，有可能影响到金融机构整体经营管理稳定的因清偿性、流动性及灾难性等原因引起的突发事件、突发性挤兑事件，以及其他可能影响该金融机构正常经营和提供正常金融服务的事件。

2）重大突发事件（Ⅱ级）。重大突发事件是指发生在金融机构，有可能影响到金融机构几个分支机构经营管理稳定性的因清偿性、流动性及灾难性等原因引起的突发事件、突发性挤兑事件，以及其他可能影响该金融机构正常经营和提供正常金融服务的事件。

3）较大突发事件（Ⅲ级）。较大突发事件是指发生在金融机构，有可能影响到金融机构一个分支机构经营管理稳定性的因清偿性、流动性及灾难性等原因引起的突发事件、突发性挤兑事件，以及其他可能影响该金融机构正常经营和提供正常金融服务的事件。

4）一般突发事件（Ⅳ级）。一般突发事件是指发生在金融机构，有可能影响到分支机构下属网点经营管理稳定性的因清偿性、流动性及灾难性等原因引起的突发事件、突发性挤兑事件，以及其他可能影响该金融机构正常经营和提供正常金融服务的事件。

二、突发事件的处置原则

（一）预防与应急结合，以预防为主

金融行业从业人员在工作中要密切观察客户动态，时刻保持警惕，遇到异常情况时，不能熟视无睹，要坚持预防为主的原则，建立健全突发事件应对的各种应急处理机制，如挤兑应急预案、业务系统故障应急预案、抢劫应急预案、火灾应急预案、营业网点客流量激增应急预案、客户在营业网点遗失物品应急预案、媒体报道应急预案等。

（二）处理过程要迅速

突发事件往往具有突然发生、发展迅速的特点。突发事件在发生初期是应对的最佳时间，如果错失最佳的处理时间，通常会给后期的处理带来更大困难。金融行业从业人员要加强应对突发事件的能力，定期参加相关的培训和演练，做到反应敏捷、处理快捷。

（三）处理措施要得力

应对不同的突发事件，要有得力、恰当的措施。金融行业从业人员不仅要对突发事件有正确的判断，还应采取对症措施，使问题在萌芽中就能得到妥善合理的解决。

（四）处理结果要上报

突发事件处理结果要及时上报，上报的内容具体包括突发事件的发生地点、发生时间、具体情况、危害程度、已采取的应急措施和控制程度，以及事态发展的趋势等。

（五）事后总结要及时

突发事件结束时，应对事件的原因、经过、处理措施等进行认真分析、总结，针对事件中暴露出的问题、漏洞及时进行整改。

三、金融机构突发事件的种类及处理方法

（一）营业场所停电

1）立即检查 UPS（uninterruptible power system，不间断电源）供电是否正常，关闭与业务无关设备的电源。

2）竖立温馨提示牌，对因为停电造成空调或照明灯的关闭给客户带来的不便表示歉意，并要求大堂经理或未设大堂经理网点的保安做好解释和安抚工作。

3）及时将停电的情况报告支行综合管理部，了解停电原因及恢复供电时间。

 案　例

银行停电了

高女士为了早点在银行办理好社保业务，上午 9 时许就带着 3 岁的女儿来到银行。因为当时来得早，办理社保业务的客户也少，她就很顺利地填了单子，没想到正要交表时，银行突然停电，银行的工作人员以停电为由让她和孩子出去。

"我问其中一个工作人员可否坐在这里等时，他还很凶地对我大声嚷嚷，孩子吓得都不敢说话了。"高女士说。看到女儿受到了惊吓，她只好带着女儿

去门口等。

"当时我身上带了不少钱，害怕在外面等时会出事。"高女士说。

【案例分析】

1）银行营业网点发生停电等影响正常服务的事件，银行工作人员应及时告知客户，做好客户安抚工作，并及时与系统内上级机构或电力部门联系。案例中高女士被逐出大门，属于银行工作人员处理方法不当。

2）银行工作人员应随时关注电力部门的停电通知，并事先准备好发电设备。

3）配备 UPS 的银行营业网点，在停电后应指定专人观察 UPS 供电情况，并尽量减少用电设备的数量，在 UPS 电源电量即将耗尽而报警时，应马上向领导小组汇报，尽快发电。

（二）柜员交接班

柜员办理交接班应尽量选择营业开始前或营业终了的时段，如确实因突发情况，需要在营业中途办理交接的，应在同网点至少有一个柜台正常对外营业的前提下进行。同时，对外竖立"暂停营业"的指示牌，做好客户解释工作，并请保安做好秩序维持。

（三）客户要求不能予以满足

1）判断客户需要是否合理，如果不合理应坚持自己的立场，但要注意态度和表达方式，不要与客户争执。

2）其他柜员应及时通知网点负责人，若无法得到有效解决或事态有所升级，应上报至营业部经理或行长，要求其前往营业场所或网店，共同协助解决。

3）将客户安置在会议室等方便的场所，以面对面座谈的方式解决客户问题，说明立场，寻求谅解。

▶ 案　例

是否需要预约提现

某日下午，储户李某匆忙来到某银行支行，要求提取现金 10 万元。以下是李某和受理该业务的柜员小张的对话。

小张："您好，欢迎光临，请问您需要办理什么业务？"

李某："您好，我要提取 6 万元现金。"

小张："请问先生，您是否在我行办理过预约提现手续？"

李某："什么？我来这里提我自己的钱还要预约吗？"

小张："对不起先生，我行规定提取现金 5 万元以上是需要提前一天预约的。支行这边每天可供客户提取的现金额度是有限的，如果您提前预约提取大额款项，我行可以提前为您安排好这笔款项，不至于影响其他客户提现。"

李某："但是我现在就需要这笔钱，而且是我自己的钱，我有存取的自由。现在快下班了，难道你们现在没有这么多的钱吗？"（李某此时情绪有些激动）

小张："真的很对不起先生，我们除了考虑到您的需求之外，还要考虑后面排队的其他客户的需求，请您稍等片刻，我给您想想办法。"

小张通过和值班经理沟通之后，打电话向附近的其他支行求助。刚好有一家支行的客户取消了前一天的提现预约，金额是 10 万元。

小张："不好意思，先生，让您久等了。我行这边的确没有更多的现金来满足您的提现需要。本着客户利益至上的原则，我们为您联系了我行附近的另一家支行，那边反馈过来的信息是他们可以为您提供 6 万元取现服务。这张卡片上有本支行的预约服务电话号码，您在以后需要提取大额款项的时候，请提前一天给我们打电话预约，我们好为您提供满意的服务。"

李某："那只能这样了。"

小张："您还有需要我们为您服务的吗？"

李某："没有了，再见。"

小张："您走好，注意安全，再见。"

【案例分析】

这是在柜员受理客户业务过程中最为常见的冲突类型。

1）在整个冲突过程中，柜员小张始终以礼貌的言语在和客户交流，可以起到稳定客户情绪的作用。

2）在这个交流过程中，没有出现"这是规定""我们银行就是这样做的"等禁语。

3）本着客户利益至上的原则，主动为客户排忧解难是每一个普通柜员都应该做到的。

4）当客户临走之前，柜员除了询问客户是否还要办理其他业务之外，还加上了一句"注意安全"，充分体现了柜员对客户的人文关怀。

（四）金融机构方面原因耽误客户时间

柜员应主动对客户说明耽误的原因，并表示诚挚的歉意。在条件允许的网点，柜员应走到客户身边，面对面向客户道歉。

（五）新闻媒体采访

1）请对方出事身份证和记者证，并详细问清采访原因，然后及时与综合管理部或上级负责人取得联系。

2）对语言投诉类采访，无总部相关人员陪同，报总行同意后，可指定专人进行接待。性质严重的，可联系总行，由总部职能部门进行接待。

3）非经总部职能部门同意，应拒绝新闻媒体人员在营业场所进行拍摄，屡次不听劝阻的，可直接报警。

（六）营业网点客流激增

1）由大堂经理或网点负责人和保安到客户中间安抚客户，做好客户疏导。视情况帮助客户做好办理业务的先期准备，以便加快窗口办理业务的速度。

2）有条件的网点应及时增设营业服务窗口，进行客户分流，缓解客户情绪。

3）及时报告分支机构领导，了解附近支行网点的客流情况，如附近分支机构网点客流正常的，可推荐部分客户前去办理业务。如客流激增事件面广并持续时间较长的，应由支行技师制定问题处理方案，并在营业网点进行公告。

4）根据具体情况，向总行相关部门报告客流激增事件处理方案，寻求总行的指导意见。

（七）客户突发疾病

1）客户在营业网点突感身体不适，需要帮助时，由大堂经理或保安及时安排客户到休息室休息，同时还要维护营业网点的正常秩序，保证其他客户的服务质量。

2）网点负责人或其他相关人员安抚发病客户，根据实际情况立即联系紧急医疗救护，疏导救助通道，协助医疗救治。

3）根据实际情况，及时通知客户家属或单位。在此期间，协助客户保护财产和资料安全。

4）营业网点保存监控录像资料，以备日后查证。

▶ **案　例**

银行应承担起社会责任

2016年3月的一天下午，70岁的祝奶奶到一家银行取钱。当祝奶奶走到这家银行门口的台阶上时，由于台阶上的瓷砖缺损、松动，老人站立不稳，摔在了台阶上。

银行保安发现后，将祝奶奶扶进银行。祝奶奶在银行休息了一会儿，回到家中，但之后她一直感觉不舒服。数日后，她到医院治疗，被诊断为脑溢血、脑栓塞、高血压（极高危），住院治疗近 20 天才出院。此后，她一直在治疗和恢复之中。祝奶奶认为，银行应对她的摔伤承担赔偿责任，但其要求却遭到银行的拒绝。

法院经审理认为，被告银行作为经营者，对进入其经营地点的祝奶奶应当承担安全保障义务。同时，被告作为房屋的管理者，对门口台阶负有管理义务。而被告未尽合理限度内的安全保障义务和管理义务，致使祝奶奶遭受人身损害，应当承担赔偿责任。祝奶奶年龄较大，外出行走应注意安全，而且她具有完全的民事行为能力。因此，她也应承担一定责任。

【案例分析】

1）客户在营业网点突感身体不适、需要帮助时，营业网点应急处理团队应及时安排客户休息。

2）客户发病时，营业网点应依据实际情况立即联系紧急医疗救护，疏导救助通道，协助医疗救治，并及时通知客户家属。

3）营业网点应维护营业正常秩序，保证服务质量。

4）营业网点应保存录像资料，以备日后查证。

（八）抢劫客户财产

1）营业网点发生不法分子抢劫客户财产事件，柜台内柜员应立即报警，柜台外的保安、大堂经理或其他员工应迅速予以制止，并维护现场秩序。如不法分子有多人或手持凶器，无法与之对抗时，应迅速记下其体貌特征、乘坐车辆及车牌，并想办法阻碍其逃窜路线，尽量拖延时间，协助公安机关对其实施抓捕。

2）在确保金融机构财产安全情况下，银行工作人员应及时、安全地疏散其他客户；如客户受到伤害，应迅速实施救助。

3）网点负责人应及时向上级汇报，分支机构应向总部安全保卫部门报告事件情况。

4）营业网点应采取有效措施，尽快恢复正常的营业秩序，同时保护好现场及监控录像资料。

◤ 案 例

与抢劫犯周旋

某日，某银行处于正常营业状态，两名歹徒化装成客户进入营业厅。一名歹徒走到 2 号现金柜台，从包里拿出一个疑似爆炸物，朝柜员大声喊道：

"抢劫，不许报警！我有炸弹，赶快给我拿钱。不然炸死你们！"2号柜员立即与歹徒展开周旋，其他员工迅速报警并做好应急准备。2号柜员在与歹徒周旋过程中，歹徒见一直得不到钱，穷凶极恶，高举炸弹对2号柜员高喊："快点把钱拿出来，不然我炸了！"并准备点燃爆炸物，2号柜员见状，只好将小额现金少量多次地递给歹徒。与此同时，另一名歹徒在客户区打伤并持刀挟持了一名客户配合抢劫。两名歹徒拿到钱后仓皇逃跑，在逃跑的过程中，一名歹徒被擒获。

【案例分析】

1）一般情况下，歹徒抢劫银行时的作案心理是惊恐的，通常会采取威胁、恐吓等手段，达到速抢速逃的目的。为此，在场的所有人员一定要临危不惧、沉着机智，齐心协力地同歹徒进行周旋并拖延时间。

2）现金柜员看到歹徒持爆炸物抢劫后，要立即站起身与歹徒展开周旋，并尽量吸引歹徒的注意力；如无法控制歹徒，可将小额现金少量多次地递给歹徒，以达到拖延时间和控制歹徒情绪的目的。

3）柜台内其余员工要迅速藏于柜台下，立即开展电话报警、秘密收好现金、防爆炸等应急措施；在歹徒大声喊"抢劫"时，营业厅所有员工按歹徒意图蹲下，并记下歹徒口音、相貌特征、人数、衣着，有电话的员工将电话放于桌下，挑选时机拨打"110"报警。

（九）营业网点挤兑

1）营业网点发生挤兑事件，网点负责人应第一时间向分支机构领导报告情况，然后迅速到达现场，与大堂经理或保安一起疏导客户，防范客户过激行为，维持营业秩序。

2）分支机构领导应组织人员尽快到达现场，及时安抚客户，全力做好解释和宣传工作，控制事态发展。

3）及时向总部安全保卫部门报告并研究分析事件情况。总部视情况及时启动应急预案，迅速调运资金，确保资金充足；并调动保安人员赶赴现场，必要时请求当地公安部门协调维持秩序，防止事态进一步扩大。

4）由总部向上级部门、中国人民银行、政府职能部门、银行业协会（或证券业协会、保险业协会）等报告。由总行或上级部门协助，及时进行相关信息披露，消除社会影响。

5）如事态范围进一步扩大，由总部请求中国人民银行、政府职能部门等共同采取联动措施，统一协调应急处理工作。

（十）自然灾害

1）发生火灾、水灾、地震等自然灾害时，网点员工应第一时间拨打紧急救援电话，迅速组织人员自救，尽快疏导客户撤离网点。

2）网点负责人迅速向支行、总部报告灾情。同时，根据实际情况组织员工转移柜台现金、凭证、账簿、设备等至安全地方，在可能的情况下，组织人员采取相应措施，防止灾情扩大。

3）分支机构应紧急调配人员，加强防卫，做好重点场所现金、凭证的安全保卫工作。

4）总部接到灾情报告，立即启动应急预案，调动安全保卫、科技管理人员赶赴现场开展应急处理。视情况联系政府职能部门协助维护现场秩序，保护客户和金融机构财产安全。

5）如营业网点因灾情不能正常营业，应及时做好相关信息披露，公示网点营业变更安排。同时，安排人员做好客户安抚工作，消除社会影响。

6）如有可能，营业网点应保护好现场及监控录像资料。

▶ **案 例**

地震中的银行

2008年5月12日，汶川大地震中，震感明显的某银行及时组织所有人员疏散，主要负责人锁好金库、关闭电源和门窗并确认所有人员撤离。同时，电话报告总行或中国区总部，经其批转决定主要业务部门尽快结束当日交易，各部门负责人做好善后工作，其余人员提前离开银行。大多数无明显震感的银行，各项业务正常进行，系统运行平稳。

灾情发生后，银行采取各项安全措施，确保工作正常有序进行。例如，紧急通知所有员工下班后关闭一切电源，将重要文件和业务档案锁入铁皮柜、保险柜，防止余震发生时可能造成的财物、资料的损失。部分银行在灾情发生后，对所有网点、信息系统、ATM机等的专线连通性进行了检查，并进行实时监测，确保所有系统及设备均能正常运行。

【案例分析】

1）发生火灾、水灾、地震等自然灾害时，营业网点应急处理团队应第一时间拨打紧急救援电话，迅速组织人员自救，尽快疏导客户撤离网点。

2）营业网点负责人应迅速向支行、总部报告灾情。

3）应急处理团队应组织员工转移凭证、账簿等至安全地方，并做好安保工作。

4）营业网点负责人应紧急调配人员，加强防卫，做好营业网点金库、柜台等重点场所的防盗、防抢工作。

小　结

　　金融服务礼仪是礼仪在金融服务过程中的具体运用，是礼仪的一种特殊形式，指金融行业从业人员在自己的工作岗位上应当遵守的行为规范。礼仪修养是一个自我认识、自我磨炼、自我提高的过程，是通过有意识的学习、仿效、积累而逐步形成的，需要有高度的自觉性。培养礼仪修养可以通过自觉养成文明习惯、主动接受礼仪教育、广泛涉猎科学文化领域和积极投入金融实践四个途径进行。本章主要介绍了金融服务礼仪的基本准则、基本要求、主要内容，以及金融岗位职责要求、岗位突发事件应急方法，并详细介绍了金融服务礼仪中的仪表礼仪和岗位服务礼仪及其相关的基本要求和注意事项，对一线的金融行业从业人员开展岗前培训有指导意义。

参 考 文 献

徐飚，2009. 职业素养基础教程[M]. 北京：电子工业出版社.

许湘岳，陈留彬，2014. 职业素养教程[M]. 北京：人民出版社.

杨红玲，徐广大，2015. 职业素养提升与训练[M]. 2 版. 大连：大连理工大学出版社.

朱维巍，熊秀兰，2014. 金融专业职业素养读本[M]. 北京：中国金融出版社.